서괘전
序卦傳

서명석 / 현재 제주대학교 교수

한국학중앙연구원 한국학대학원 졸업 / 철학박사

「역점의 현대적 활용」 외 수십 편의 논문과
『설괘전』 외 십여 종의 저역서를 세상에 내놓았다.
지금 동아시아 고전 Classic of East-Asia을 현대적으로 가공하며
한문해석의 본보기를 선보이고 있다.

서괘서전 序卦傳

초판인쇄	2016년 02월 19일
초판발행	2016년 02월 29일
지은이	서명석
디자인	디자인에이비
펴낸곳	책인숲
출판등록	142-91-51951
주소	경기도 용인시 기흥구 죽현로 8-22, 821호 (보정동 휴먼타워)
대표전화	031-276-6062
팩스	031-696-6601
전자우편	booksinforest@gmail.com

ⓒ 책인숲, 2016, Printed in Korea
ISBN   978-89-969441-5-7   03140

· 이 책 내용의 일부 또는 전부를 재사용하려면 반드시 책인숲의 동의를 얻어야 합니다.
· 잘못 만들어진 책은 구입하신 곳에서 교환해 드립니다.
· 이 도서의 국립중앙도서관 출판예정도서목록(CIP)는 서지정보유통지원시스템 홈페이지(http://seoji.nl.go.kr)와
  국가자료공동목록시스템(http://nl.go.kr/kolisnet)에서 이용하실 수 있습니다.(CIP제어번호 : 2016002957)

서괘전

序卦傳

서명석

책인숲

| 일러두기 |

1. 『　』는 책이름을 뜻한다.
2. 「　」는 책 안에서의 편명을 말한다.
3. [　]는 풀이로 쓰였다. 또한 한문을 번역할 때 원문의 원활한 흐름을 위하여 특정 내용을 보충할 때도 [　]가 쓰였다.
4. 총-열-가지[十-翼]와 같은 경우에 ' - '는 강조하면서 연결시키는 장치이다.
5. 본문에서 텍스트의 부여 번호는 이 책만의 고유 번호이다.
6. 원문 위에 표기된 숫자는 텍스트의 번역순서이다.
7. 모든 원문 아래에는 문맥상 가장 적합한 해당 한자의 음과 훈을 적시했다.
8. 64괘 이름에 대한 음은 『주역언해』(선조본)를 따랐다. 그 실례는 다음과 같다.
   - 3번괘　屯卦둔괘: 屯 준 → **둔**
   - 33번괘　遯卦돈괘: 遯 둔 → **돈**
   - 45번괘　萃卦췌괘: 萃 취 → **췌**
9. 어떤 것의 '아래첨자'는 한자일 경우 한자 표시와 음 표시 그리고 영문일 경우 영문 표시 등과 같이
   비교적 간단한 것에서 쓰였고, 어떤 것의 '위첨자'인 경우는 해당 것에 대하여 좀 더 자세한 풀이가 필요할 때 사용되었다.
10. 어떤 경우에 ☞는 '매우 주의 깊게 살펴보라'는 뜻이다.
11. 본문 중에 적색 밑줄은 괘의 배열 순서에 대한 설명 내용이다.
12. 그 외의 것은 일반 관례를 따랐다.

괘의 순서에는 모두 뜻이 있다.
서로 상반하는 것도 있고,
서로 상생하는 것도 있으니,
효가 변하면 뜻이 변한다. —정이

卦之序皆有義理
有相反者
有相生者
爻變則義變也

여는 글

이 책은 『周易』 통행본 중에서
「序卦傳」을 현대적으로 분석하고 풀이한 것이다.

1

#1 「序卦傳」의 성격

『周易』에서 원문이 經이라면 經을 풀이한 것이 傳이다. 이 둘을 합쳐서 經傳이라 한다. 『周易』에서 傳은 총-열-가지[十翼]인데, 그 중의 하나가 「序卦傳」이다.

#2 「序卦傳」의 내용

『周易』을 상경과 하경으로 나누었다. 그런 다음 상경과 하경의 次序^{차례와 순서·The order of 64 Hexagrams}를 밝혀놓은 것이 「序卦傳」이다.

#3 「序卦傳」의 위치

『周易』 64괘의 차서에는 義理^{이때 의리는 사람이 사람으로서 마땅히 지켜야 하는 도리가 아니라 뜻이나 의미를 말함}가 있다. 그런데 '그-차서가-어떤-의리로-연결되어-있는가에-대한-풀이'를 다룬 것이

이른바 「序卦傳」이다. 그러므로 「序卦傳」에 대한 정확한 파지는 『周易』이라는 본래 텍스트를 장악하기 위한 또 하나의 선결조건인 셈이다.

2

『周易』에는 동양 고전의 최고봉이라는 수식어가 항상 따라붙는다. 그래서 일반인들에게는 그야말로 범접하기 어려운 신비적인 密意(밀의)로 가득 찬 텍스트라는 선입견이 자리잡고 있다. 하지만 『周易』은 그런 책이 아니라 동시대의 현대인들이라면 누구나 한번 쯤 읽어야 할 동양 고전 중의 하나다. 그러나 그럴 정도의 책이 되려면 『周易』에 대한 현대적 가공이 필수적이다. 이때 현대적 가공이란 책에 대한 가독성을 확보하는 일이다. 일반인들의 가독성을 확보하기 위하여 이 책은 다른 책에서는 찾아볼 수 없는 독특한 시도를 선보인다. 『周易』은 하나의 텍스트다. 그것이 하나의 텍스트라면 현대인들이 읽고 그 뜻을 쉽게 음미할 수 있는 正譯本이 필요하다. 그런 正譯本을 위하여 나는 기존 텍스트에 대해 메스를 갖다 대고 일일이 절개하는 작업을 수행했다. 한문은 텍스트 구조를 완비하고 있으므로 텍스트에 대한 엄정한 분석이 선행되지 않으면 해당 텍스트의 의미를 看取(간취)하는 일은 매우 어렵다. 텍스트에서 물이 흐르게 하라, 막힘없이! 이것이 텍스트에 대한 물대기다.

#4 기존 책의 번역문과 이 책의 번역문 비교

- ■ …… 訟必有衆起 故 受之以師
- 기존 번역 | …… 쟁송에는 반드시 많은 사람들이 일어나기 때문에 사래로서 받았다.
- 새 번역 | …… 서로 다툼에는 반드시 많은 무리가 있다. 그러므로 사래로서 그것을 받았다.

☞ 둘의 비교: 기존 번역은 '衆起'를 '많은 사람들이 일어나다'라고 번역되어 있다. 그러나 문법구조로 보

면 '有'가 서술어인 '있다'로 쓰이기 때문에 뒤에 오는 '衆起'를 '많은 무리'로 보아야 한다. '많을 衆', '무리 起' 그래서 '많은 무리.' 그래야만 번역에 무리가 없다. 또 하나 더 있다. 그것은 '之'에 대한 번역을 어떻게 처리할 것인가이다. 기존 번역에서는 '之'를 번역하지 않았다. 하지만 위 텍스트에서 '之'는 지시대명사인 '그것it'으로 쓰였다. 이때 '그것'을 맥락으로 보자. 그러면 '그것'은 7번 師卦 앞의 6번 '訟卦'를 지시한다. "之 = 訟卦." 이와 같이 나는 이 책에서 시중에 유통되는 기존 책의 「序卦傳」 전편에 들어 있는 모든 오역과 불완전한 번역을 정확히 바로잡아 놓았다.

텍스트가 말을 하게 하라! 한문 텍스트는 당연히 우리들에게 말하지 않는다. 그렇기 때문에 우리가 할 수 있는 일은 그 텍스트가 우리들에게 말을 할 수 있도록 해당 텍스트에 주변 장치를 탑재하는 것이다. 한문은 여러 특징이 있는 언어이지만 그 중에서도 한문은 맥락 속에서 맥락을 통하여 맥락 안에서 뜻을 전하는 언어체계다. 따라서 한문이 하나의 텍스트로서 우리들에게 말을 걸어오게 하려면 텍스트에 대한 철저한 구조 분석은 당연하다. 이를 위하여 나는 「序卦傳」에 등장하는 모든 한자들에 대하여 그 뜻을 사전과 일일이 대조하고 그에 합당한 음과 훈을 다시 사전에서 찾아냈다. 그런 다음 이것을 본문의 모든 텍스트에 명기했다.아래 〈예시 1〉 텍스트의 아래 부분이 이에 해당되고 음과 훈은 색깔을 달리 했음 이것만으로 끝이 아니다. 이를 토대로 해서 나는 텍스트의 구조를 모조리 분석했다. 이때 텍스트의 구조를 분석한다는 것은 해당 텍스트가 자연스럽게 물이 흐르도록 해주는 일이다. 이것은 번역순서를 정하는 일과 같다. 그러나 이 일은 쉽지 않다. 무엇보다도 그것은 가장 정교하고 세심한 두뇌활동을 요구한다. 이런 일은 과도한 열정만으로 해결되는 사안이 결코 아니다. 해당 분야의 각종 공구서이 책을 만드는데 활용된 각종 공구서는 이 책의 부록에 밝혀두었음의 도움을 받지 않으면 이 일은 애초 불가능하다. 해당 한자들이 해당 텍스트 안에서 어떤 용법으로 쓰이고 있는 지를 철저하게 추적하고 검토했다. 그런 다음 「序卦傳」의 모든 텍스트를 批正비정하고 그 텍스트에 적합한 해석순서를 숫자로 표시했다.아래 〈예시 1〉 텍스트 중에서 원문 위에 표시된 아라비아 숫자가 번역순서임 이런 점들이 다른 책에서는 찾아볼 수 없는 이 책만의 특장이다. 그리고 또 하나 더 있다. 해당 텍스트에 등장하는 낱말과 용어를 비교적 자세하게 반복적으로 풀어 제시했다. 이에 대한 모범적인 〈예시 1〉은 다음과 같다.

〈예시 1〉 텍스트 분석

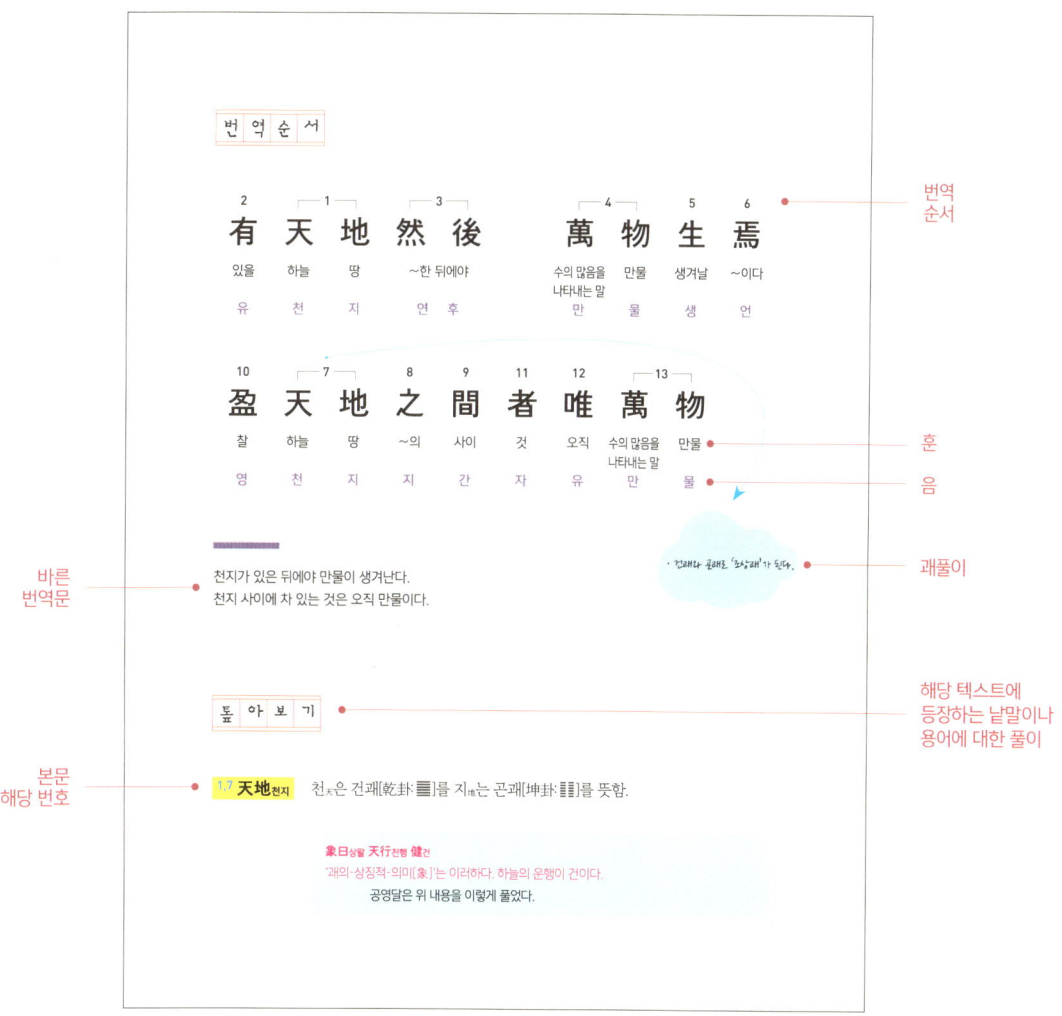

☞ 위 텍스트에서
1. 아라비아 숫자는 해당 텍스트의 번역순서이다.
2. 해당 한자 아래에 音과 訓을 노출했다. 예를 들어, '有'의 경우에 '있을 유'라 하면 '있을'은 '訓'이고 '유'는 '音'이다.
3. 음은 훈과 다른 색깔로 처리했다.
4. 위의 '이야기 구름주머니'는 각 괘의 핵심 내용에 대한 간략한 소개이다.

이 책과 여러분이 한 몸이 되어 텍스트를 즐기는 것은 이제 여러분의 몫이다. 그러니 여러분은 이 책을 통하여 『周易』「序卦傳」의 담백한 맛을 실컷 즐기기 바란다. 『周易』이 신비나 秘敎(비교)의 은밀한 텍스트가 결코 아니라 일반인들 누구나 함께 즐길 수 있는 동양고전 중의 하나라는 사실을 여러분이 스스로 징험하면서 말이다. 『周易』에서 말하는 64괘 차서 리듬에 발을 맞추어 그 차서와 함께 천도와 인사가 하나가 되는 64괘 춤을 한판 추어보지 않겠는가.

2016년 1월 2일 새해 아침

변화하고 변화하는 마음[易易之心] 속에서

진실로 그 중심을 잡으며[允執厥中]

보랏빛-노을-산사람[紫霞山人]

이렇게 적어둔다

3

해제: 「序卦傳」의 이해를 위한 선-이해

#5 태극의 정의

陰과 陽이 같은 동그라미[○] 안에 '함께-있으면서[☯]' '끊임없이-순환하고[☯]' 그 순환의 결과로써 새로운 세계를 창조하는 역동적인 계기장이 곧 太極이다. 이때 圓으로서의 ○은 陰과 陽이 그 속에 숨어있지만 아직 구체적으로 드러나지 않는 無極의 상태를 말하고, ☯은 단지 陰과 陽이 함께 있는 모습을 나타낸 것이며, ☯은 陰과 陽이 활발하게 작용하며 순환하는 太極의 본래 모습을 상징한다.

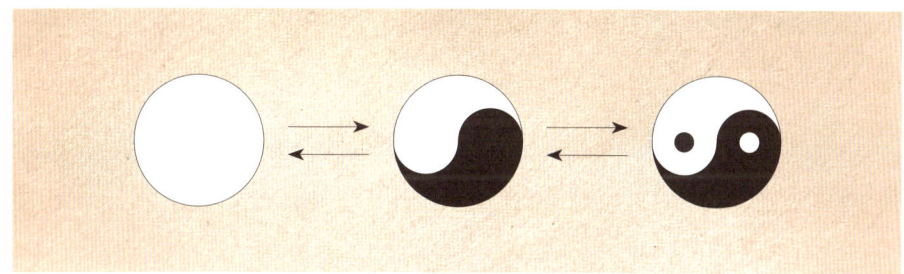

#6 태극의 분화

- 易에는 태극이 있는데, 이것[태극]이 양의를 낳고, 양의가 사상을 낳고, 사상이 팔괘를 낳는다. 易有太極 是生兩儀 兩儀生四象 四象生八卦 _ 『周易』「繫辭上」
- 易[☯] → 陰陽[陰 - - · 陽 ―] → 四象[太陽 ⚌ · 少陰 ⚍ · 少陽 ⚎ · 太陰 ⚏] → 八卦[乾 ☰ · 兌 ☱ · 離 ☲ · 震 ☳ · 巽 ☴ · 坎 ☵ · 艮 ☶ · 坤 ☷]

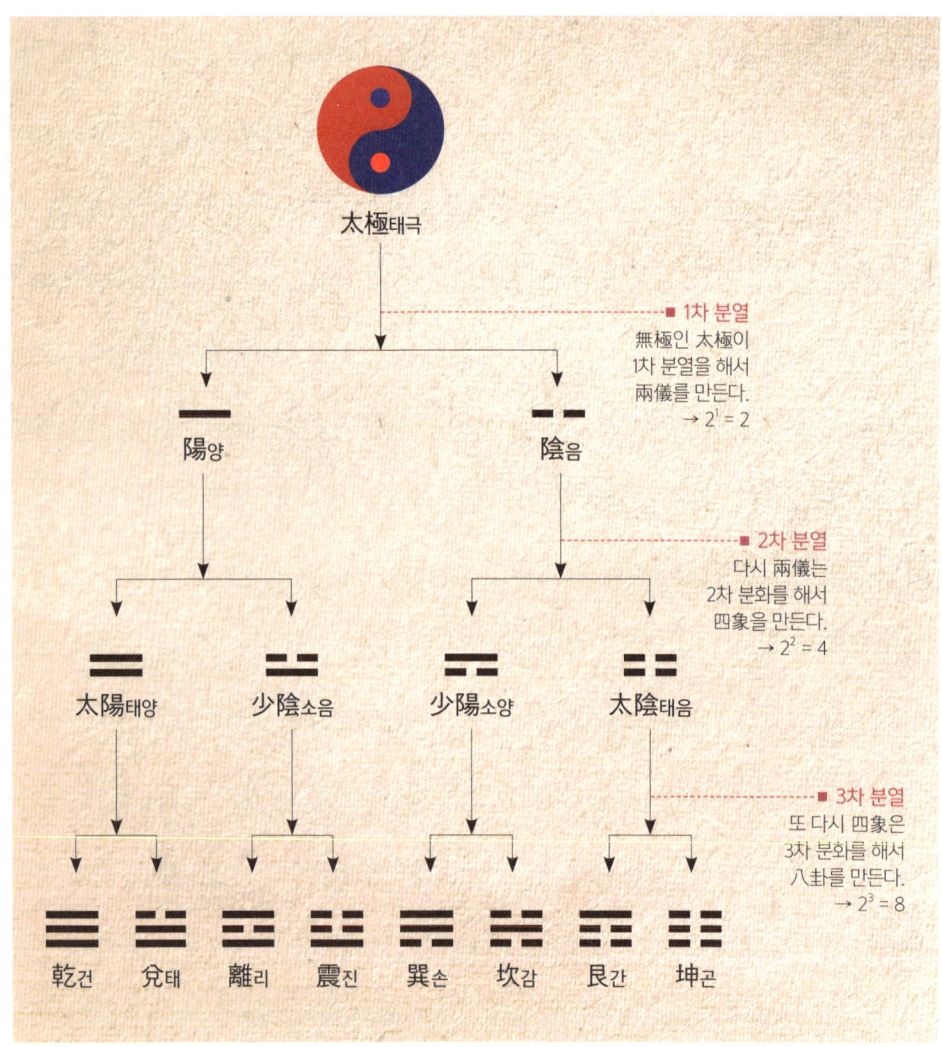

[그림 1] 팔괘 분화도

위의 [그림 1]에서 위로 올라가는 적색이 양의 이미지이고 아래로 내려가는 청색은 음의 이미지이다. 그리고 각각의 이미지 속에 박혀 있는 눈[目·eyeball]은 순환의 방향을 지시한다. 따라서 위의 [그림 1]은 음양이 시계방향으로 순환하며 음양이 화합하고 서로 상생하는 세계를 보여준다.

#7 64괘의 구성

〈표 1〉처럼 가로축의 8괘와 세로축의 8괘가 서로 조합combination하여 64괘를 만든다.

$$8 \times 8 = 64$$

또는

$$8^2 = 64$$

8	7	6	5	4	3	2	1	상괘 하괘
11	26	5	9	34	14	43	1	1
19	41	60	61	54	38	58	10	2
36	22	63	37	55	30	49	13	3
24	27	3	42	51	21	17	25	4
46	18	48	57	32	50	28	44	5
7	4	29	59	40	64	47	6	6
15	52	39	53	62	56	31	33	7
2	23	8	20	16	35	45	12	8

☞ 1. 가로축과 세로축에서 1은 건, 2는 태, 3은 리, 4는 진, 5는 손, 6은 감, 7은 간, 그리고 8은 곤이다.
2. 각 네모안의 숫자는 64괘의 고유번호이다.

〈표 1〉 64괘표

	坤곤	艮간	坎감	巽손
乾천	11 坤곤/乾건 地/天 **地天泰** 지천태	26 艮간/乾건 山/天 **山天大畜** 산천대축	5 坎감/乾건 水/天 **水天需** 수천수	9 巽손/乾건 風/天 **風天小畜** 풍천소축
兌태	19 坤곤/兌태 地/澤 **地澤臨** 지택임	41 艮간/兌태 山/澤 **山澤損** 산택손	60 坎감/兌태 水/澤 **水澤節** 수택절	61 巽손/兌태 風/澤 **風澤中孚** 풍택중부
離리	36 坤곤/離리 地/火 **地火明夷** 지화명이	22 艮간/離리 山/火 **山火賁** 산화비	63 坎감/離리 水/火 **水火旣濟** 수화기제	37 巽손/離리 風/火 **風火家人** 풍화가인
震진	24 坤곤/震진 地/雷 **地雷復** 지뢰복	27 艮간/震진 山/雷 **山雷頤** 산뢰이	3 坎감/震진 水/雷 **水雷屯** 수뢰둔	42 巽손/震진 風/雷 **風雷益** 풍뢰익
巽손	46 坤곤/巽손 地/風 **地風升** 지풍승	18 艮간/巽손 山/風 **山風蠱** 산풍고	48 坎감/巽손 水/風 **水風井** 수풍정	57 巽손/巽손 風/風 **重風巽** 중풍손
坎감	7 坤곤/坎감 地/水 **地水師** 지수사	4 艮간/坎감 山/水 **山水蒙** 산수몽	29 坎감/坎감 水/水 **重水坎** 중수감	59 巽손/坎감 風/水 **風水渙** 풍수환
艮간	15 坤곤/艮간 地/山 **地山謙** 지산겸	52 艮간/艮간 山/山 **重山艮** 중산간	39 坎감/艮간 水/山 **水山蹇** 수산건	53 巽손/艮간 風/山 **風山漸** 풍산점
坤곤	2 坤곤/坤곤 地/地 **重地坤** 중지곤	23 艮간/坤곤 山/地 **山地剝** 산지박	8 坎감/坤곤 水/地 **水地比** 수지비	20 巽손/坤곤 風/地 **風地觀** 풍지관

	震진	離리	兌태	乾건	上卦 상괘 / 下卦 하괘
	34 雷天大壯 뇌천대장	14 火天大有 화천대유	43 澤天夬 택천쾌	1 重天乾 중천건	乾건
	54 雷澤歸妹 뇌택귀매	38 火澤睽 화택규	58 重澤兌 중택태	10 天澤履 천택리	兌태
	55 雷火豊 뇌화풍	30 重火離 중화리	49 澤火革 택화혁	13 天火同人 천화동인	離리
	51 重雷震 중뢰진	21 火雷噬嗑 화뢰서합	17 澤雷隨 택뢰수	25 天雷无妄 천뢰무망	震진
	32 雷風恒 뇌풍항	50 火風鼎 화풍정	28 澤風大過 택풍대과	44 天風姤 천풍구	巽손
	40 雷水解 뇌수해	64 火水未濟 화수미제	47 澤水困 택수곤	6 天水訟 천수송	坎감
	62 雷山小過 뇌산소과	56 火山旅 화산려	31 澤山咸 택산함	33 天山遯 천산돈	艮간
	16 雷地豫 뇌지예	35 火地晉 화지진	45 澤地萃 택지췌	12 天地否 천지비	坤곤

#8 상하경의 구분

그런데 64괘 중에서 1번괘부터 30번괘까지를 상경[상편]으로 하였고, 31번괘부터 64번괘까지를 하경[하편]으로 하였다. 이렇게 나눈 것에 대하여 『周易折中』은 다음과 같이 말한다.

■ 상편은 양이자 천도다. 上篇陽也 天道也

〈표 2〉 상경(1~30)

1 重天乾중천건	2 重地坤중지곤	3 水雷屯수뢰둔	4 山水蒙산수몽	5 水天需수천수	6 天水訟천수송
7 地水師지수사	8 水地比수지비	9 風天小畜풍천소축	10 天澤履천택리	11 地天泰지천태	12 天地否천지비
13 天火同人천화동인	14 火天大有화천대유	15 地山謙지산겸	16 雷地豫뇌지예	17 澤雷隨택뢰수	18 山風蠱산풍고
19 地澤臨지택림	20 風地觀풍지관	21 火雷噬嗑화뢰서합	22 山火賁산화비	23 山地剝산지박	24 地雷復지뢰복
25 天雷无妄천뢰무망	26 山天大畜산천대축	27 山雷頤산뢰이	28 澤風大過택풍대과	29 重水坎중수감	30 重火離중화리

■ 하편은 음이자 인사다. 下篇陰也 人事也

〈표 3〉 하경(31~64)

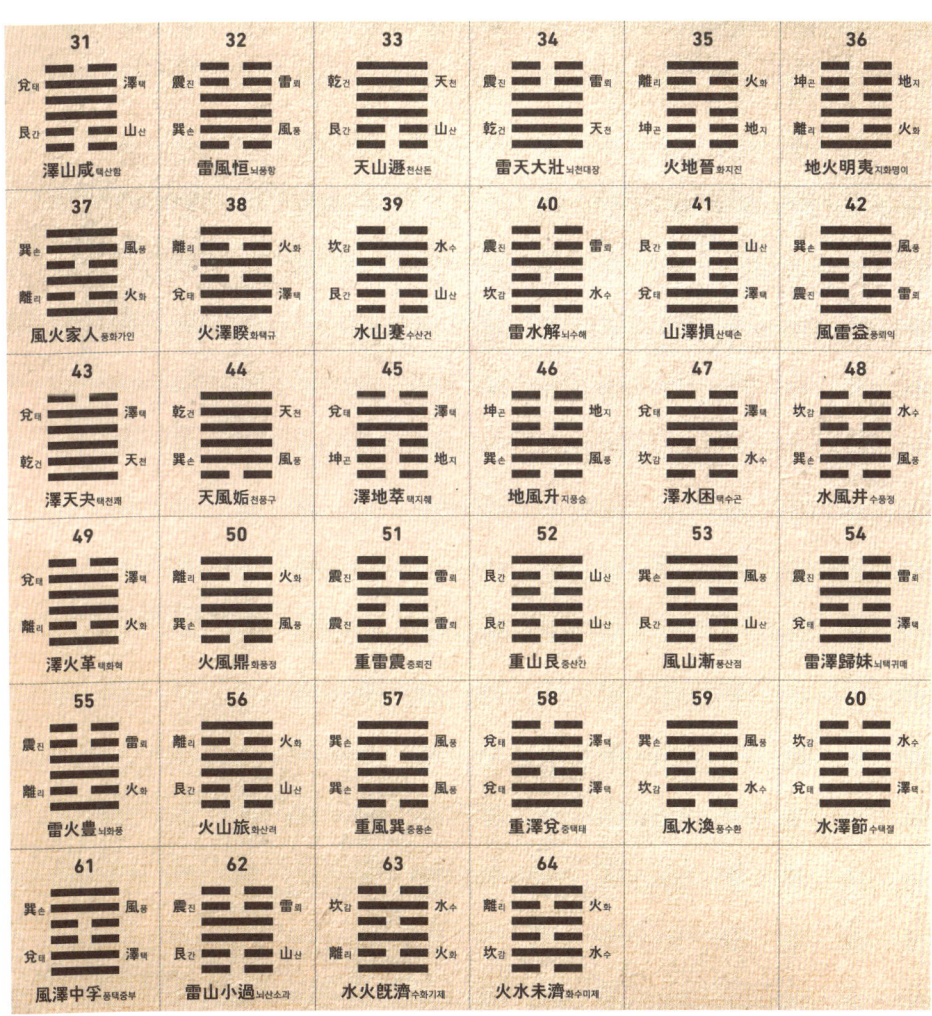

#9 「序卦傳」의 설명-틀

■ 설명-틀 〈1〉

64괘 중에서 어떤 괘들은 錯卦착괘로 되어 있다. 이때 착괘란 이런 것이다.

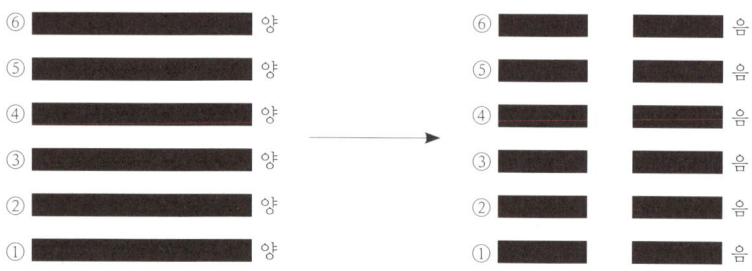

위와 같이 괘의 효의 자리인 ①, ②, ③, ④, ⑤, 그리고 ⑥이라는 각각 효의 자리에 '앞에 것화살표의 왼쪽'이 '양'이면 '뒤에 것화살표의 오른쪽'이 '음'이 되고, '앞에 것'이 '음'이면 '뒤에 것'이 '양'이 되는 것을 '착괘'라 한다. 예를 들면 이런 것이다. " · '━ → --', · '-- → ━' "
총 64괘 중에서 아래 괘들은 착괘를 모아 놓은 것이다.

[그림 2] 착괘들의 집합

■ 설명-틀〈2〉

한편 64괘 중에서 어떤 괘들은 綜卦종괘로 되어 있다. 이때 종괘란 이런 것이다. 어떤 괘가 있을 때 그 괘를 180° 회전시켜 얻어내는 괘를 '종괘'라 한다. 예를 들면 그것은 이런 것이다. 그것은 '앞에 것화살표의 왼쪽'의 괘에서 효의 자리가 아래로부터 위로 ①, ②, ③, ④, ⑤, 그리고 ⑥의 순서대로 자리 잡은 것이 '뒤에 것화살표의 오른쪽'의 괘에서는 효가 아래로부터 위로 ⑥, ⑤, ④, ③, ②, 그리고 ①과 같이 거꾸로 배열되는 것이다. 64괘 중에서 착괘를 제외한 모든 괘들이 종괘로 되어 있다.

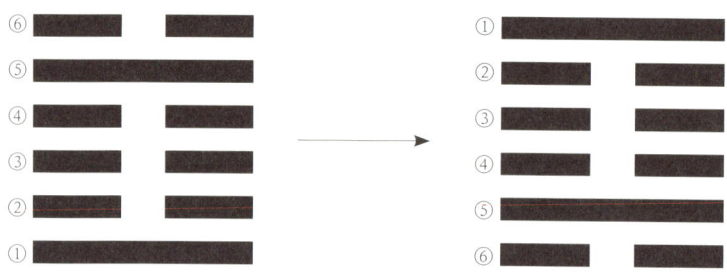

[그림 3] 종괘의 예

■ 설명-틀〈3〉

또한 아래 괘는 착괘이자 종괘이다. 이를 보자. 아래 괘는 착의 상태와 종의 상태를 동시에 만족시킨다. 아래 괘의 '뒤에 것화살표의 오른쪽'은 '앞에 것화살표의 왼쪽'의 괘의 효를 아래서부터 위로 ①, ②, ③, ④, ⑤, 그리고 ⑥이라는 각각 효가 '양이면 음으로[━ → ━ ━]' '음이면 양[━ ━ → ━]'으로 바뀌는 것이나 '앞에 것화살표의 왼쪽'을 180° 회전시켜 얻어 낸 '뒤에 것화살표의 오른쪽'이 완전히 똑같다.

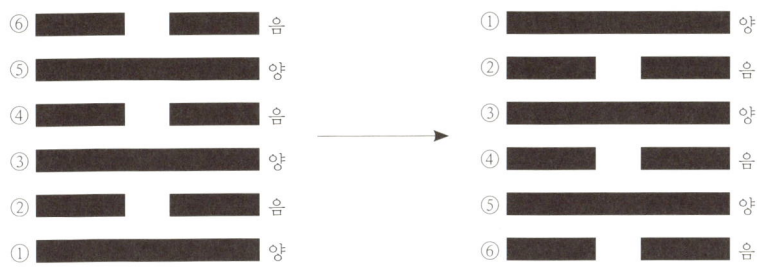

[그림 4] 착괘이자 종괘인 것의 예

이 시점에서 〈표 2〉와 〈표 3〉의 『주역』 상하경표를 다시 보자. 그러면 우리는 하나의 규칙성을 볼 수 있다. 1번괘로부터 64번괘까지 홀짝 순서쌍paring of order in 64 Hexagrams의 집합을 만들어 놓자.

- 64괘 순서쌍의 집합 = {(1, 2), (3, 4), (5, 6), (7, 8), (9, 10), (11, 12), (13, 14), (15, 16), (17, 18), (19, 20), (21, 22), (23, 24), (25, 26), (27, 28), (29, 30), (31, 32), (33, 34), (35, 36), (37, 38), (39, 40),

(41, 42), (43, 44), (45, 46), (47, 48), (49, 50), (51, 52), (53, 54), (55, 56), (57, 58), (59, 60), (61, 62), (63, 64)} 이때 ( ) 안의 숫자는 64괘 각각의 고유 번호이다.

위의 집합에서 집합 기호 { } 안에 들어 있는 (,)의 32개 원소들은 각각 하나의 쌍pairing을 이룬다. "32개의 원소쌍 = (1, 2), (3, 4), (5, 6) … (59, 60), (61, 62), (63, 64)" 그런데 각각 원소쌍pairing of set은 각각 쌍 안에서 둘 사이에 착괘이든가 종괘이거나 아니면 착괘이면서 동시에 종괘의 관계에 반드시 놓여 있다. 이것이 「序卦傳」의 배열 구조가 가지고 있는 가장 큰 특징이리라.

■ 64괘 순서쌍의 규칙성

· (1, 2) → (䷀,䷁) → 착괘, · (3, 4) → (䷂,䷃) → 종괘, · (5, 6) → (䷄,䷅) → 종괘, · (7, 8) → (䷆,䷇) → 종괘, · (9, 10) → (䷈,䷉) → 종괘, · (11, 12) → (䷊,䷋) → 착괘이자 종괘, · (13, 14) → (䷌,䷍) → 종괘, · (15, 16) → (䷎,䷏) → 종괘, · (17, 18) → (䷐,䷑) → 종괘, · (19, 20) → (䷒,䷓) → 종괘, · (21, 22) → (䷔,䷕) → 종괘, · (23, 24) → (䷖,䷗) → 종괘, · (25, 26) → (䷘,䷙) → 종괘, · (27, 28) → (䷚,䷛) → 착괘, · (29, 30) → (䷜,䷝) → 착괘, · (31, 32) → (䷞,䷟) → 종괘, · (33, 34) → (䷠,䷡) → 종괘, · (35, 36) → (䷢,䷣) → 종괘, · (37, 38) → (䷤,䷥) → 종괘, · (39, 40) → (䷦,䷧) → 종괘, · (41, 42) → (䷨,䷩) → 종괘, · (43, 44) → (䷪,䷫) → 종괘, · (45, 46) → (䷬,䷭) → 종괘, · (47, 48) → (䷮,䷯) → 종괘, · (49, 50) → (䷰,䷱) → 종괘, · (51, 52) → (䷲,䷳) → 종괘, · (53, 54) → (䷴,䷵) → 종괘, · (55, 56) → (䷶,䷷) → 종괘, · (57, 58) → (䷸,䷹) → 종괘, · (59, 60) → (䷺,䷻) → 종괘, · (61, 62) → (䷼,䷽) → 착괘, · (63, 64) → (䷾,䷿) → 착괘이자 종괘

#10 괘명의 명명 규칙

각 괘에는 고유의 명칭이 있는데, 그것의 규칙은 다음과 같다. 그 중 '火風鼎卦'를 보자. 이것을 줄여서는 '鼎卦'라 하지만, 풀-네임으로는 우리가 '화풍정괘'라 부른다. 이와 같이 풀-네임

을 만드는 규칙은 8괘의 '제2이름'을 이용하여 위에서 아래로 '火'와 '風'을 따다 붙여 사용하는 원칙이다. 이른바 '火-風-鼎!'이다. 8괘의 '제2이름'은 아래 〈표 4〉에 정리되어 있다.

[그림 5] 괘 풀-네임의 예시〈1〉

〈표 4〉 8괘 이름표

괘형	괘명(제1이름)	상징물(제2이름)	괘형	괘명(제1이름)	상징물(제2이름)
☰	乾건	天천	☴	巽손	風풍
☱	兌태	澤택	☵	坎감	水수
☲	離리	火화	☶	艮간	山산
☳	震진	雷뢰	☷	坤곤	地지

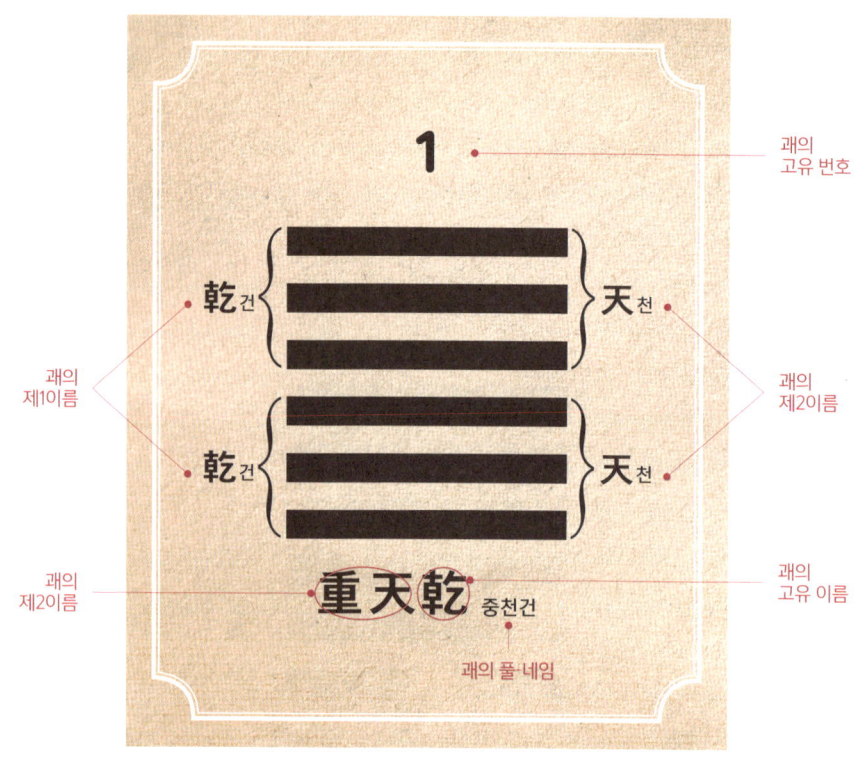

[그림 6] 괘 풀-네임의 예시〈2〉

그런데 예외가 있다. 위 괘에 대한 명칭을 우리는 '天天乾'이라고 부르지 않는다. 그럼 어떻게 해야 할까. 하늘[天]이 '두개 또는 거듭double'이라는 뜻의 '重'을 맨 앞에다 쓰고, 그 다음 괘 그림에서 오른쪽에 있는 팔괘의 제2이름 중 하나를 가져다가 '重'자 다음에 쓴다. 그러면 '重-天두개의 하늘 또는 거듭 하늘'이 된다. 그리고 마지막에 괘 그림 왼쪽의 팔괘 제1이름 중 하나를 가져다 쓴다. 이렇게 하면 '重-天-乾'이 된다. 이런 원칙으로 해서 1번괘 '重-天-乾'이라는 풀-네임이 탄생하는 것이다. 그밖에 이런 것들에는 2번괘 重-地-坤 [䷁], 29번괘 重-水-坎[䷜], 30번괘 重-火-離[䷝], 51번괘 重-雷-震[䷲], 52번괘 重-山-艮[䷳], 57번괘 重-風-巽[䷸], 그리고 58번괘 重-澤-兌[䷹]등이 있다. 이것들도 모두 1번괘 '重-天-乾'과 동일한 방식으로 풀-네임을 단다.

#11 괘상 풀이에 이용된 책들

이 책에는 각 괘마다 '그-괘의-상징적-의미[卦-象]'에 대한 선학들의 풀이가 들어 있다. 그것의 한 예를 보자. 20번 '관괘'로 말이다.

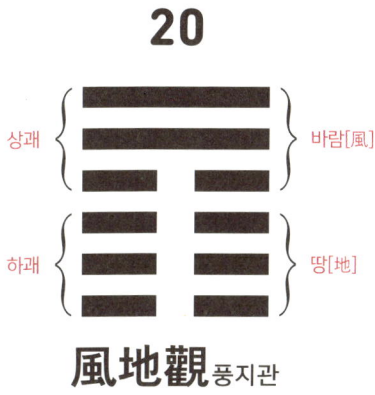

〈예시 2〉 괘상 풀이의 보기

> **象曰**상왈 **風行地上**풍행지상 **觀**관
> '괘의-상징적-의미[象]'는 이러하다. 바람이 땅 위를 가니 관이다.
>   왕부지는 위 내용을 이렇게 풀었다.
>   **風行地上**풍행지상 **省之觀之**성지관지 바람이 땅 위를 가니 땅을 살피고 땅을 본다.
>   * 내려다보면서 핵심을 본다!

그런데 이 책의 괘상 풀이는 공영달의 『周易正義』, 정이의 『易傳』, 그리고 왕부지의 『周易外傳』의 내용이다. 괘상 풀이의 글 상자 안에 "공영달은 ……."이라고 되어 있으면, 그의 『周易正義』를 참고했다는 의미다. "정이는 ……."이라고 되어 있으면, 그의 『易傳』을 참고했다는 뜻이다. 또한, "왕부지는 ……."이라고 되어 있으면, 그의 『周易外傳』을 참고했다는 말이다. 그밖에 이광지의 『周易折中』도 일부 참고했다. 더불어 위의 글 상자 안에 "* 내려다보면서 핵심을 본다!"라고 되어 있는 것은 해당 괘상에 대한 나의 촌평이다.

차 례

여는 글   6

1. 중천건 重天乾	30	
2. 중지곤 重地坤	31	
3. 수뢰둔 水雷屯	36	
4. 산수몽 山水蒙	41	
5. 수천수 水天需	45	
6. 천수송 天水訟	50	
7. 지수사 地水師	54	
8. 수지비 水地比	59	
9. 풍천소축 風天小畜	63	
10. 천택리 天澤履	68	
11. 지천태 地天泰	72	
12. 천지비 天地否	77	
13. 천화동인 天火同人	81	
14. 화천대유 火天大有	86	
15. 지산겸 地山謙	90	
16. 뇌지예 雷地豫	95	
17. 택뢰수 澤雷隨	99	
18. 산풍고 山風蠱	104	
19. 지택림 地澤臨	108	
20. 풍지관 風地觀	113	
21. 화뢰서합 火雷噬嗑	117	
22. 산화비 山火賁	122	
23. 산지박 山地剝	126	
24. 지뢰복 地雷復	131	
25. 천뢰무망 天雷无妄	135	
26. 산천대축 山天大畜	140	
27. 산뢰이 山雷頤	144	
28. 택풍대과 澤風大過	149	
29. 중수감 重水坎	153	
30. 중화리 重火離	158	

하경 下經

31. 택산함 澤山咸　　　　164
32. 뇌풍항 雷風恒　　　　170
33. 천산돈 天山遯　　　　174
34. 뇌천대장 雷天大壯　　179
35. 화지진 火地晉　　　　183
36. 지화명이 地火明夷　　188
37. 풍화가인 風火家人　　192
38. 화택규 火澤睽　　　　197
39. 수산건 水山蹇　　　　201
40. 뇌수해 雷水解　　　　206
41. 산택손 山澤損　　　　210
42. 풍뢰익 風雷益　　　　215
43. 택천쾌 澤天夬　　　　219
44. 천풍구 天風姤　　　　224
45. 택지췌 澤地萃　　　　228
46. 지풍승 地風升　　　　233
47. 택수곤 澤水困　　　　237
48. 수풍정 水風井　　　　242
49. 택화혁 澤火革　　　　246
50. 화풍정 火風鼎　　　　251
51. 중뢰진 重雷震　　　　255
52. 중산간 重山艮　　　　260
53. 풍산점 風山漸　　　　264
54. 뇌택귀매 雷澤歸妹　　269
55. 뇌화풍 雷火豊　　　　273
56. 화산려 火山旅　　　　278
57. 중풍손 重風巽　　　　282
58. 중택태 重澤兌　　　　287
59. 풍수환 風水渙　　　　291
60. 수택절 水澤節　　　　296
61. 풍택중부 風澤中孚　　300
62. 뇌산소과 雷山小過　　305
63. 수화기제 水火旣濟　　309
64. 화수미제 火水未濟　　314

부록

정역본　　319
원문집성　341
참고도서　352

상경

上經 | ☯ 천도天道를 다룬다.

#	한글	한자	#	한글	한자
1.	중천건	重天乾	16.	뇌지예	雷地豫
2.	중지곤	重地坤	17.	택뢰수	澤雷隨
3.	수뢰둔	水雷屯	18.	산풍고	山風蠱
4.	산수몽	山水蒙	19.	지택림	地澤臨
5.	수천수	水天需	20.	풍지관	風地觀
6.	천수송	天水訟	21.	화뢰서합	火雷噬嗑
7.	지수사	地水師	22.	산화비	山火賁
8.	수지비	水地比	23.	산지박	山地剝
9.	풍천소축	風天小畜	24.	지뢰복	地雷復
10.	천택리	天澤履	25.	천뢰무망	天雷无妄
11.	지천태	地天泰	26.	산천대축	山天大畜
12.	천지비	天地否	27.	산뢰이	山雷頤
13.	천화동인	天火同人	28.	택풍대과	澤風大過
14.	화천대유	火天大有	29.	중수감	重水坎
15.	지산겸	地山謙	30.	중화리	重火離

1 乾 건 | CREATIVE POWER

1

乾건 ☰ 天천

乾건 ☰ 天천

重天乾 중천건

2. 坤 곤 | PASSIVE POWER

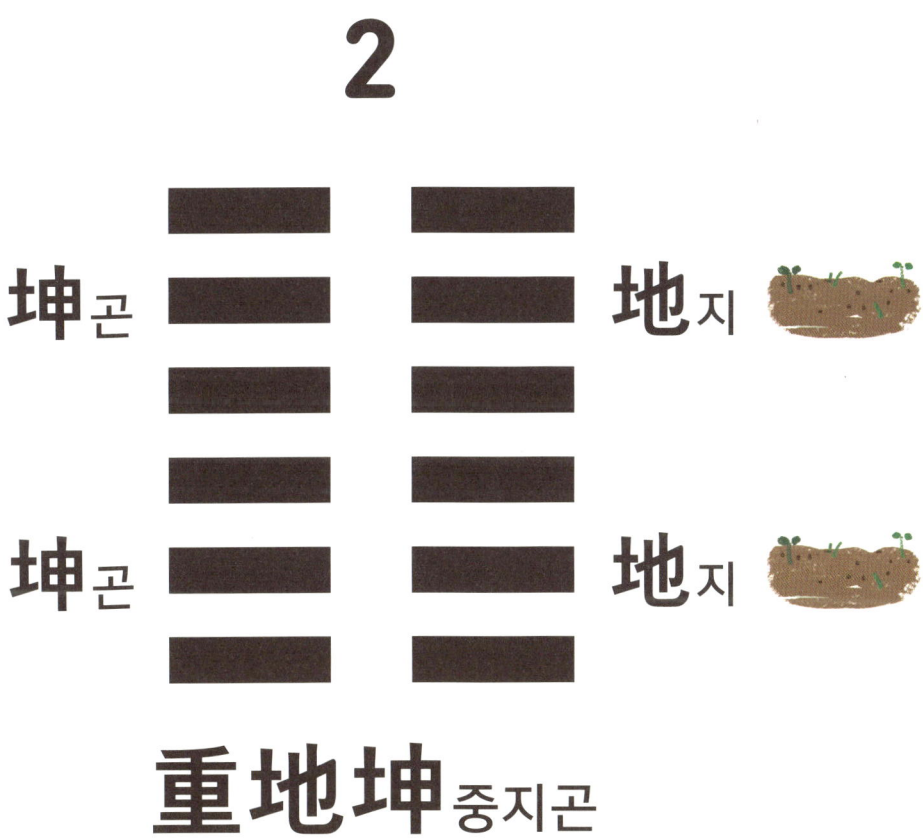

重地坤 중지곤

① ☰ · ② ☷

<ruby>有<rt>유</rt></ruby> <ruby>天<rt>천</rt></ruby> <ruby>地<rt>지</rt></ruby> <ruby>然<rt>연</rt></ruby> <ruby>後<rt>후</rt></ruby>　<ruby>萬<rt>만</rt></ruby> <ruby>物<rt>물</rt></ruby> <ruby>生<rt>생</rt></ruby> <ruby>焉<rt>언</rt></ruby>

<ruby>盈<rt>영</rt></ruby> <ruby>天<rt>천</rt></ruby> <ruby>地<rt>지</rt></ruby> <ruby>之<rt>지</rt></ruby> <ruby>間<rt>간</rt></ruby> <ruby>者<rt>자</rt></ruby> <ruby>唯<rt>유</rt></ruby> <ruby>萬<rt>만</rt></ruby> <ruby>物<rt>물</rt></ruby>

천지가 있은 뒤에야 만물이 생겨난다.
천지 사이에 차 있는 것은 오직 만물이다.

번역순서

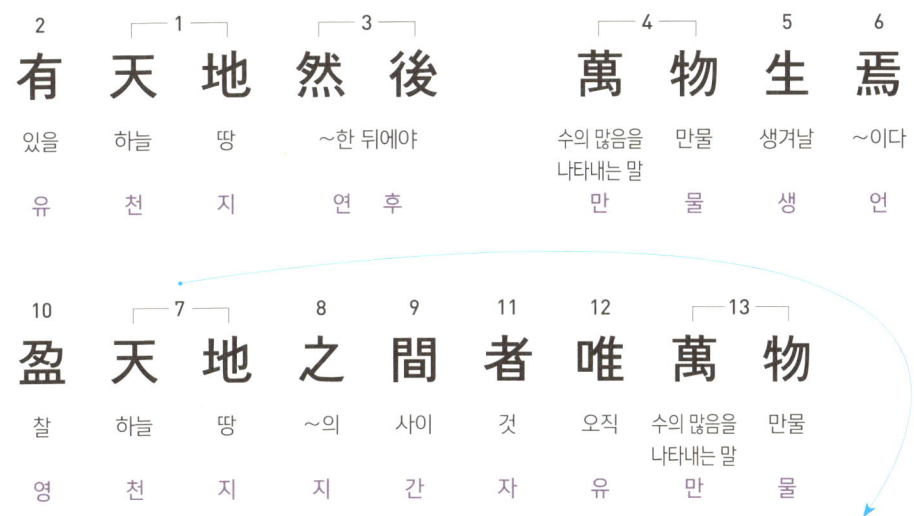

천지가 있은 뒤에야 만물이 생겨난다.
천지 사이에 차 있는 것은 오직 만물이다.

• 건괘와 곤괘로 '조상괘'가 된다.

톺아보기

1,7 **天地**천지 천天은 건괘[乾卦: ☰]를 지地는 곤괘[坤卦: ☷]를 뜻함.

象曰상왈 **天行**천행 **健**건
'괘의-상징적-의미[象]'는 이러하다. 하늘의 운행이 건이다.
　　　공영달은 위 내용을 이렇게 풀었다.

天行健者行자天行健者行자 運動之稱운동지칭 健者强壯之名건자강장지명
하늘의 운행이 굳건하다는 것[者]에서 行행은 運動[운행]의 명칭이고, 健건은 강하고 견고함의 이름이다.
* 하늘은 쉼 없이 견고하게 돌아간다!

象曰상왈 **地勢**지세 **坤**곤
'괘의-상징적-의미[象]'는 이러하다. 땅의 형세가 곤이다.
공영달은 위 내용을 이렇게 풀었다.
其勢承天기세승천 是其順也시기순야 容載萬物용재만물 그 형세가 하늘을 받듦은 그것의 순함이다. 만물을 포용하고 감싸준다.
* 땅은 모든 것을 다 수용하고 포용한다!

건괘[乾卦: ䷀]는 64괘의 첫 번째 괘로 하늘[天]을 곤괘[坤卦: ䷁]는 두 번째 괘로 땅[地]을 각각 그 상징과 형상으로 삼고 있다. 이것들은 천지만물의 근원이 되기 때문에 '조상괘'로 불린다. 이와 같이 乾坤건곤을 제일 앞에 배치하고 있는 것은 건곤乾坤을 상징하는 천지天地가 만물萬物의 본원本源임을 상징적으로 말해준다.

~³ **然後**연후   ~한 뒤에야

⁵ **生**생   생겨나다.

⁴,¹³ **萬物**만물   이 세상에 있는 모든 것.

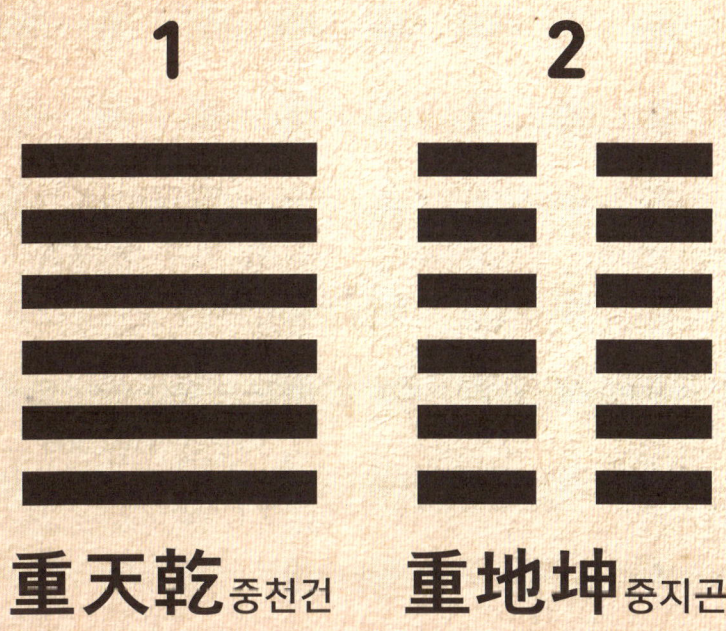

重天乾 중천건　　重地坤 중지곤

☞ 『周易』「序卦傳」은 '乾坤竝建건곤병건 하늘과 땅을 나란히 세워둔다'의 원칙에 서 있다. 우주 만물의 생성과 변화를 설명하는 두 상징물 하늘[乾]과 땅[坤]으로 「序卦傳」이 시작된다. 건곤으로 출발 우주 만물의 모든 변화는 음양의 작용으로 말미암는다. 이런 점 때문에 음과 양을 대표하는 하늘과 땅, 곧 건과 곤이라는 음양 대푯값이 『周易』의 1번괘와 2번괘로 맨 앞에 등장한다.

☞ 1번괘와 2번괘는 하나의 순서쌍pairing을 이루면서 둘 사이에는 착괘의 관계가 있다.

☞ 錯卦착괘란 괘에서 음[- -]과 양[—]의 기호의 변환을 말하는 것으로 각각 효의 기호가 '음[- -]이면 양[—]으로', '양[—]이면 음[- -]으로' 바뀌는 것이다.

3 屯둔 | DIFFICULT BEGINGING

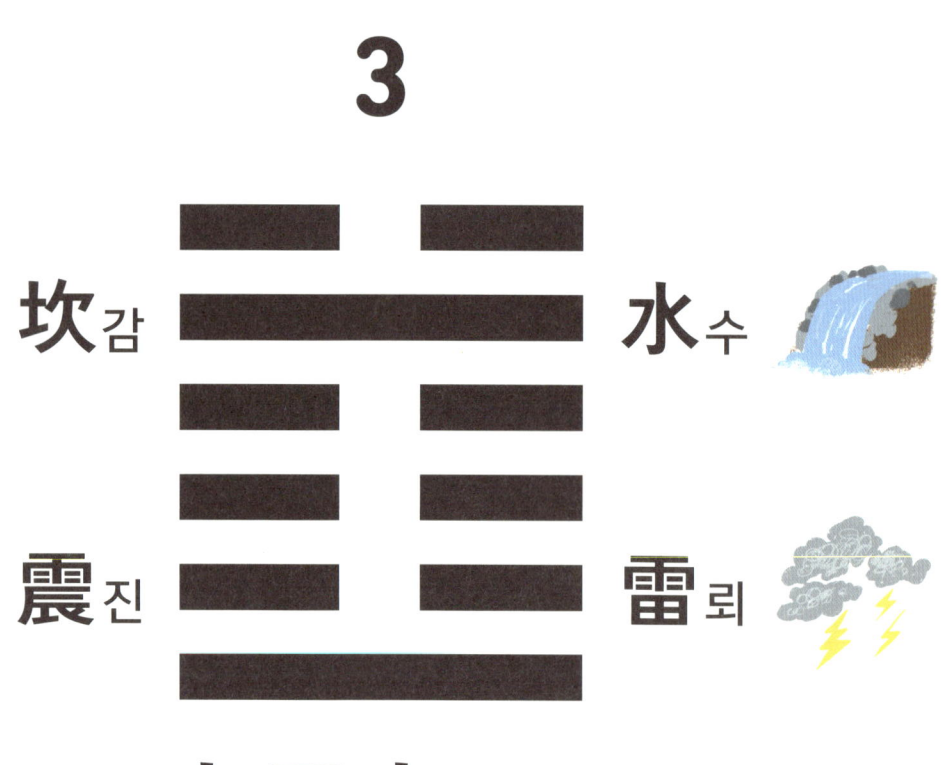

3

坎감　　　　水수

震진　　　　雷뢰

水雷屯 수뢰둔

❸ ䷂

<ruby>故<rt>고</rt></ruby> <ruby>受<rt>수</rt></ruby><ruby>之<rt>지</rt></ruby><ruby>以<rt>이</rt></ruby><ruby>屯<rt>둔</rt></ruby>

<ruby>屯<rt>둔</rt></ruby><ruby>者<rt>자</rt></ruby> <ruby>盈<rt>영</rt></ruby><ruby>也<rt>야</rt></ruby>

<ruby>屯<rt>둔</rt></ruby><ruby>者<rt>자</rt></ruby> <ruby>物<rt>물</rt></ruby><ruby>之<rt>지</rt></ruby><ruby>始<rt>시</rt></ruby><ruby>生<rt>생</rt></ruby><ruby>也<rt>야</rt></ruby>

그러므로 둔괘로써 그것을 받았다.

둔이란 가득 찬 것이다.

둔이란 만물이 처음 생겨나는 것이다.

| 번 | 역 | 순 | 서 |

1	5	4	3	2
故	受	之	以	屯
그러므로	받을	그것	~로써	괘이름
고	수	지	이	둔

- 어렵다.
- 처음 생겨나다.
- 천지개벽의 시초

6	7	8	9
屯	者	盈	也
괘이름	~란	가득찰	~이다
둔	자	영	야

10	11	12	13	14	15	16
屯	者	物	之	始	生	也
괘이름	~란	만물	~이	처음	생겨날	~이다
둔	자	물	지	시	생	야

그러므로 둔괘로써 그것을 받았다.
둔이란 가득 찬 것이다.
둔이란 만물이 처음 생겨나는 것이다.

| 톺 | 아 | 보 | 기 |

2,6,10 屯둔 괘이름.

> **象曰상왈 雲雷운뢰 屯둔**
> '괘의-상징적-의미[象]'는 이러하다. 구름과 천둥이 둔이다.
>
> 왕부지는 위 내용을 이렇게 풀었다.
> 雲上而凝운상이응 雷動而奮뢰동이분 不凝如雲불응여운 不足以行부족이행 不奮如雷불분여뢰 不足以斷부족이단 구름은 위에서 엉기고 천둥은 움직여 벗어난다. 엉기었지만 구름 같지 않아서 행할 순 없고, 벗어났지만 천둥 같지 않아서 결단할 수 없다.
> * 모든 것의 처음은 참으로 어렵고 또 어렵다!

> 앞길이 험난하여 나아가기 어려운 모습이 '屯둔'이다. '둔'은 '一일'과 '艸초'가 합해져 생긴 글자로 '一'은 '땅'을 뜻하고 '艸'는 '새로 트는 싹의 떡잎'을 의미한다. 처음 시작할 때는 모든 것이 어렵다. 그래서 '건괘'와 '곤괘' 다음에 '둔괘'로 받았다.

~7,11 者자···9,16 也야 ~란 …이다.

4 之지 그것. 건괘와 곤괘.

12 物물 만물萬物. 이 세상에 있는 모든 것.

~13 之지 ~이.

15 生생 생겨나다.

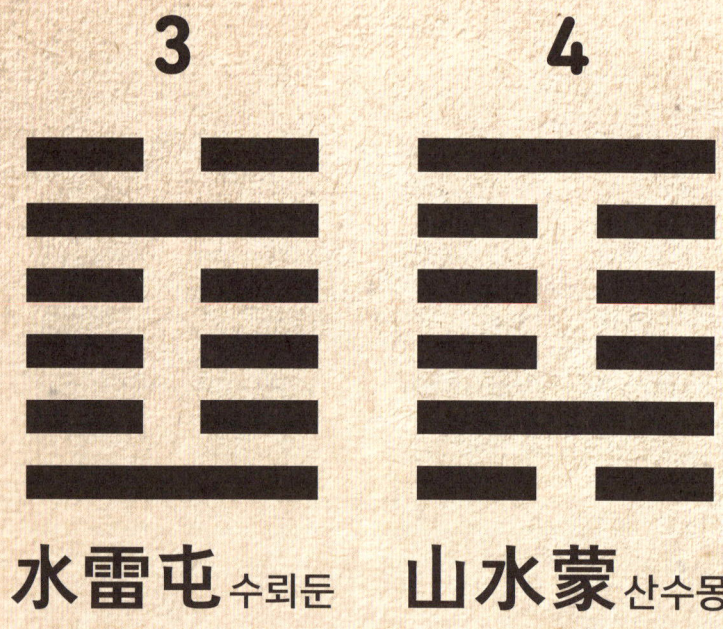

水雷屯 수뢰둔   山水蒙 산수몽

- 3번괘와 4번괘는 하나의 순서쌍 pairing을 이루면서 둘 사이에는 종괘의 관계가 있다.
- 綜卦종괘란 하나의 괘를 180° 회전시켜 상하를 완전히 뒤집어 놓은 것이다.

4 蒙 몽 | INEXPERIENCED YOUTH

4

艮 간　　　　　　　山 산

坎 감　　　　　　　水 수

山水蒙 산수몽

4 ䷃

물 생 필 몽
物生必蒙

고 수 지 이 몽
故 受之以蒙

몽 자 몽 야
蒙者 蒙也

물 지 치 야
物之穉也

만물이 생겨나면 어리다. 그러므로 몽괘로써 그것을 받았다.
몽이란 어린 모양이니 만물의 어림이다.

만물이 생겨나면 어리다.
그러므로 몽괘로써 그것을 받았다.
몽이란 어린 모양이니 만물의 어림이다.

| 돋 | 아 | 보 | 기 |

1,14 物물   만물萬物. 이 세상에 있는 모든 것.

~3 必필   ~하면.

4 蒙몽   어리다.

8 之지   그것. 여기서는 둔괘.

6,10 蒙몽   괘이름.

> **象曰상왈 山下出泉산하출천 蒙몽**
> '괘의-상징적-의미[象]'는 이러하다. 산 아래에서 샘물이 나오니 몽이다.
> 　　공영달은 위 내용을 이렇게 풀었다.
> 　　山下出泉산하출천 未知所適미지소적 蒙之象 也몽지상야 산 아래에서 샘물이 나와 아직 갈 곳을 알지 못한다. 몽의 모습이다.
> * 샘물이 어디로 가야할지 갈피를 못 잡는다!

사물이 희미하여 밝지 아니한 모습이 '蒙몽'이다. 여기에서 '어리석다', '어린 모양', '[사리에] 어둡다' 등의 뜻이 나왔다. 사람이나 다른 생물, 즉 만물이 막 생겨나기 시작하여 아직 어린 상태에 처해 있는 것이 '몽'이다. 이 상태는 아직 몽매하여 아무것도 모르기 때문에 이른바 '계몽'이 필요하게 된다. 그래서 '몽괘'를 교육에 관한 괘라고도 말한다. 처음 태어나서 막 자라기 시작하면 모든 것이 미숙하고 어리다. 그래서 '둔괘' 다음에 '몽괘'로 받았다.

~11 者자 …13 也야   ~란 …이다.

12 蒙몽   어린 모양

5 需수 | WAITING

5

坎감　　　　水수

乾건　　　　天천

水天需 수천수

❺ ䷄

_물 _치 _{불 가 불 양 야}
物穉不可不養也

_고　_{수 지 이 수}
故　受之以需

_{수 자}　_{음 식 지 도 야}
需者　飲食之道也

만물이 어리니 마땅히 자라게 해야 한다.
그러므로 수괘로써 그것을 받았다.
수란 음식의 도이다.

번역순서

만물이 어리니 마땅히 자라게 해야 한다.
그러므로 수괘로써 그것을 받았다.
수란 음식의 도이다.

톺아보기

1 物물 만물萬物. 이 세상에 있는 모든 것.

3·5 不可不불가불~ 마땅히 ~해야 한다.

10 之지 그것. 여기서는 몽괘.

4 養양 자라게 하다.

8,12 需수 괘이름.

> **象曰상왈 雲上於天운상어천 需수**
> '괘의-상징적-의미[象]'는 이러하다. 구름이 하늘로 올라감이 수이다.
> 공영달은 위 내용을 이렇게 풀었다.
> 若言雲上於天약언운상어천 是天之欲雨시천지욕우 待時而落대시이락 만약 구름이 하늘로 올라간다고 말하면, 이는 하늘이 비를 내리고자 하여 때를 기다려 내린다.
> * 구름이 하늘을 뒤덮고 있다. 곧 비가 내리기를 기다린다!

때를 기다리면 이루어지는 모습이 '需수'이다. 또 여기에는 '기른다', '필요로 하다', '기다린다'라는 의미를 가지고 있다. 어린 것을 길러주는데 필수적인 요소인 음식과 관련하여 말하고 있다. 생명을 가진 것을 기르기 위해서는 음식물을 통한 영양의 공급이 필수적이다. 동식물을 막론하고 어린 것에는 음식물을 충분히 공급하고 잘 자라기를 기다려야 한다. 그래서 '몽괘' 다음에 '수괘'로 받았다.

14 飮食음식 음식물.

~13 者자 …17 也야 ~란 …이다.

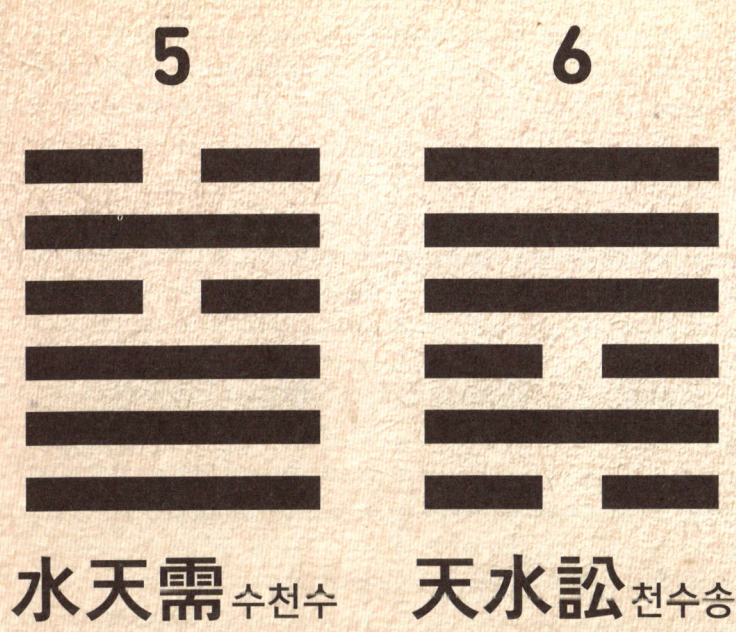

水天需 수천수　　天水訟 천수송

☞ 5번괘와 6번괘는 하나의 순서쌍pairing을 이루면서 둘 사이에는 종괘의 관계가 있다.

☞ 綜卦종괘란 하나의 괘를 180° 회전시켜 상하를 완전히 뒤집어 놓은 것이다.

6 訟송 | CONFLICT

6

乾건 　　　　　 天천

坎감 　　　　　 水수

天水訟 천수송

❻ ䷅

飮食必有訟
음 식 필 유 송

故 受之以訟
고　수 지 이 송

음식에는 반드시 서로 다툼이 있다.
그러므로 송괘로써 그것을 받았다.

번역순서

음식에는 반드시 서로 다툼이 있다.
그러므로 송괘로써 그것을 받았다.

짚어보기

1 **飲食**음식   음식물.

3 **訟**송   서로 다투다.

8 **之**지   그것. 여기서는 수괘.

6 **訟**송   괘이름.

象曰상왈 **天與水違行**천여수위행 **訟**송
'괘의-상징적-의미[象]'는 이러하다. 하늘과 물이 어긋나가니 송이다.

　　　왕부지는 위 내용을 이렇게 풀었다.
　　　天高水流不相膠溷천고수류불상호혼 하늘은 높고 물은 흘러내려 따르지 않으면서 어긋나고 어지럽다.
　　　* 둘이 어긋나 있다. 그러니 서로 다툰다!

서로 다투는 모습이 '訟송'이다. '송사', '논쟁', '떠들어 주장하다'등의 의미로 『설문해자』에서는 '송'을 '爭쟁'으로, 주자는 『주역본의』에서 '송'을 '爭辯쟁변'이라고 말했다. '爭'이 손으로 서로 집어 당기고 끌면서 싸우는 것이라면 '訟'은 말로 서로 다투는 것이다. '수괘'를 음식에 관련된 괘로 보면, 음식에 의지해서 살아갈 수밖에 없는 인간으로서는 그와 관련될 때 자연스레 다툼이 따르게 되어 있다. 그래서 '수괘' 다음에 '송괘'로 받았다.

7 師 사 | ARMY

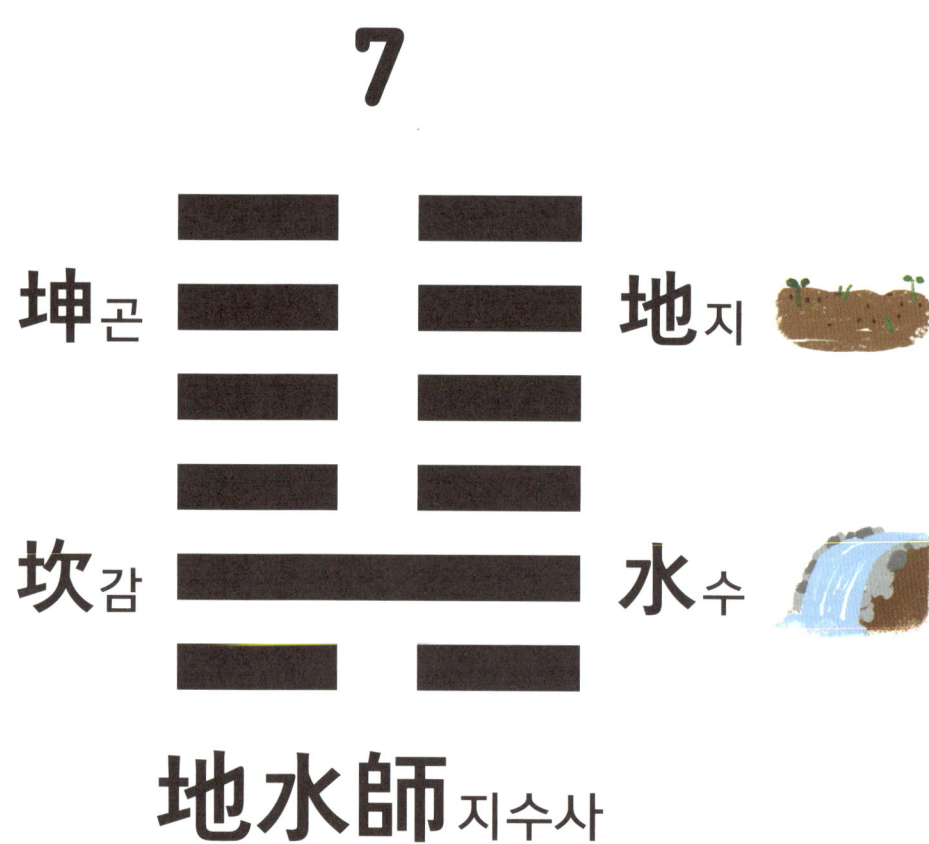

地水師 지수사

❼ ䷆

송 필 유 중 기
訟必有衆起

고　수 지 이 사
故　受之以師

사 자　중 야
師者　衆也

서로 다툼에는 반드시 많은 무리가 있다.
그러므로 사괘로써 그것을 받았다.
사란 무리이다.

| 번 | 역 | 순 | 서 |

```
   1      2      5      3      4
  訟     必     有     衆     起
서로 다툴  반드시   있을    많을    무리
  송      필     유      중     기

   6            10     9      8      7
  故           受     之     以     師
그러므로        받을   그것   ~로써  괘이름
  고            수     지     이     사

  11     12           13     14
  師     者           衆     也
괘이름   ~란          무리   ~이다
  사     자           중     야
```

- 많다.
- 무리, 군대, 지도자

서로 다툼에는 반드시 많은 무리가 있다.
그러므로 사괘로써 그것을 받았다.
사란 무리이다.

톺아보기

1 訟송 서로 다투다.

3 衆중 많다.

4 起기 무리.

9 之지 그것. 여기서는 사괘.

7,11 師사 괘이름.

> **象曰상왈 地中有水지중유수 師사**
> '괘의-상징적-의미[象]'는 이러하다. 땅속에 물이 있으니 사이다.
> 　　　　정이는 위 내용을 이렇게 풀었다.
> 　　　　地中有水지중유수 水聚於地中수취어지중 爲衆聚之象위중취지상 故爲師也고위사야 땅속에 물이 있는 것은 물이 땅속에 모이는 것이다. 무리가 되어 모이는 모습이다. 그러므로 많은 양이 된다.
> 　　　　* 모이고 모여서 큰 무리가 된다!

　　　　군중을 통솔·出師출사 군대를 싸움터로 내보냄하는 모습이자 여러 사람의 모임·임금·장수 등의 모습이 '師'이다. '사'는 통상 '지도자', '군대', '무리'를 말한다. '師'의 원래 의미는 '衆', 즉 '많은 사람의 무리'를 말하는데 이 점으로 '사'가 '군대[兵]'을 의미하기도 한다. 이럴 때 '사괘'는 집단 간의 싸움을 뜻하며, 이 싸움은 엄청난 수의 군대와 병기가 동원되는 대규모의 전쟁으로까지 나아간다. 이러한 점 때문에 '송괘' 다음에 '사괘'가 왔다.

~12 者자 …14 也야 ~란 …이다.

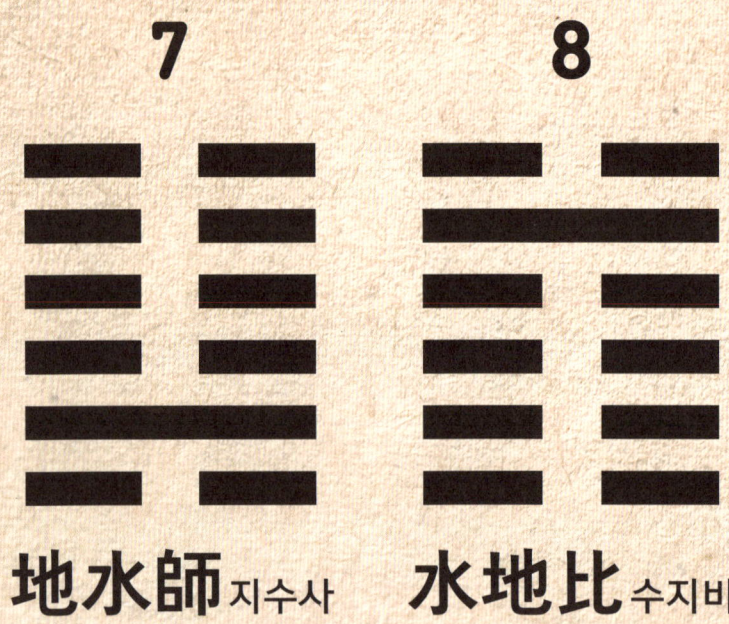

☞ 7번괘와 8번괘는 하나의 순서쌍 pairing을 이루면서 둘 사이에는 종괘의 관계가 있다.

☞ 綜卦종괘란 하나의 괘를 180° 회전시켜 상하를 완전히 뒤집어 놓은 것이다.

8 比비 | HOLDING TOGETHER

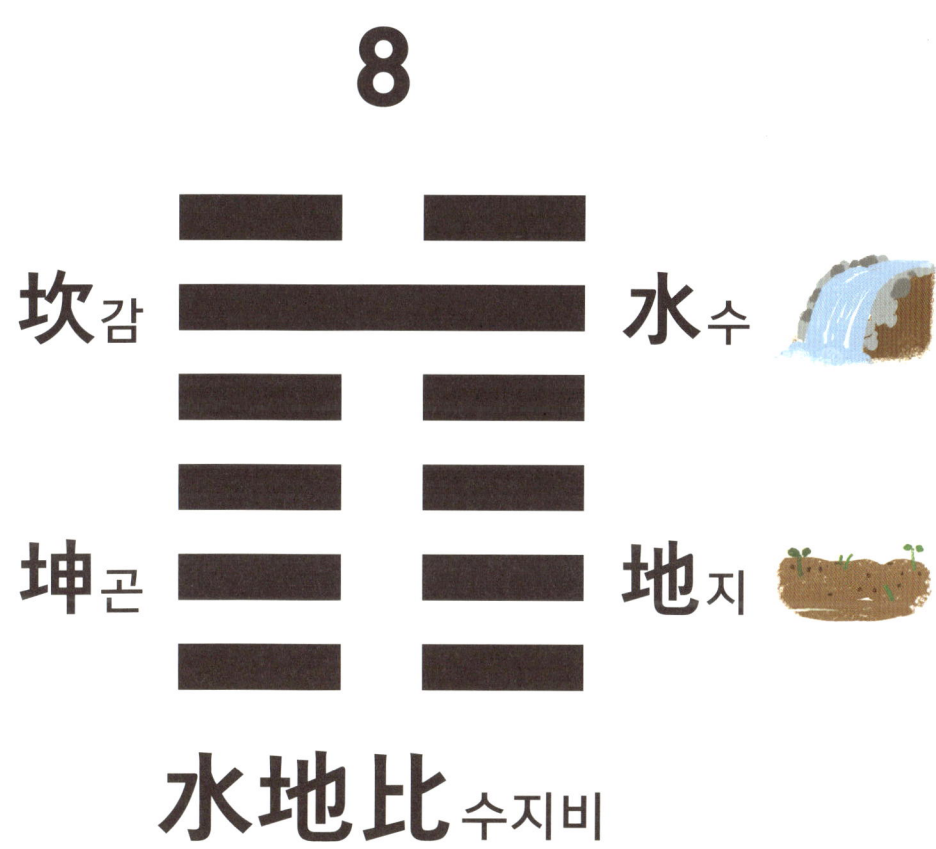

8

坎감 　水수

坤곤 　地지

水地比 수지비

⑧ ䷇

중 필 유 소 비
衆必有所比

고　　수 지 이 비
故　受之以比

비 자　비 야
比者　比也

무리는 반드시 돕는 바가 있다.
그러므로 비괘로써 그것을 받았다.
비란 돕는 것이다.

| 번 | 역 | 순 | 서 |

```
  1    2    5    4    3
  衆   必   有   所   比
 무리 반드시 있을  바  도울
  중   필   유   소   비
```

• 돕다.
• 화합하다.

```
  6        10   9    8    7
  故       受   之   以   比
그러므로  받을 그것 ~로써 괘이름
  고        수   지   이   비
```

```
 11   12        13   14
  比   者        比   也
괘이름 ~란       도울 ~이다
  비   자         비   야
```

무리는 반드시 돕는 바가 있다.
그러므로 비괘로써 그것을 받았다.
비란 돕는 것이다.

| 톺 | 아 | 보 | 기 |

3 比비 돕다.

9 之지 그것. 여기서는 사괘.

7,11 比비 괘이름.

> **象曰**상왈 **地上有水**지중유수 **比**비
> '괘의-상징적-의미[象]'는 이러하다. 땅위에 물이 있으니 비다.
> 　　공영달은 위 내용을 이렇게 풀었다.
> 　　猶地上有水유지상유수 流通相潤及物류통상윤급물 땅위에 물이 있어서 흐르고 통하여 서로 적셔주어서 만물에 미치는 것과 같다.
> 　　* 물이 땅위를 적신다. 그러므로 윤택하다!

> '比비'에는 '친하다', '친밀하게 돕다', '친하게 가까이하다' 등의 뜻이 있다. 이것들이 공통적으로 말하는 것은 서로 친밀하게 의지해야 하는 관계를 말한다. '사괘'가 '전쟁[戰]'을 말한다면 '비괘'는 '화합[和]'을 말한다. 그래서 '사괘' 다음에 '비괘'로 받았다.

~12 者자 **…14 也**야 ~란 …이다.

9　小畜 소축 | SLIGHTLY ACCUMULATING

巽손　　　　　**風**풍

乾건　　　　　**天**천

風天小畜 풍천소축

❾

_{비 필 유 소 축}
比 必 有 所 畜

_{고　수 지 이 소 축}
故　受 之 以 小 畜

도움에는 반드시 쌓이는 바가 있다.
그러므로 소축괘로써 그것을 받았다.

번역순서

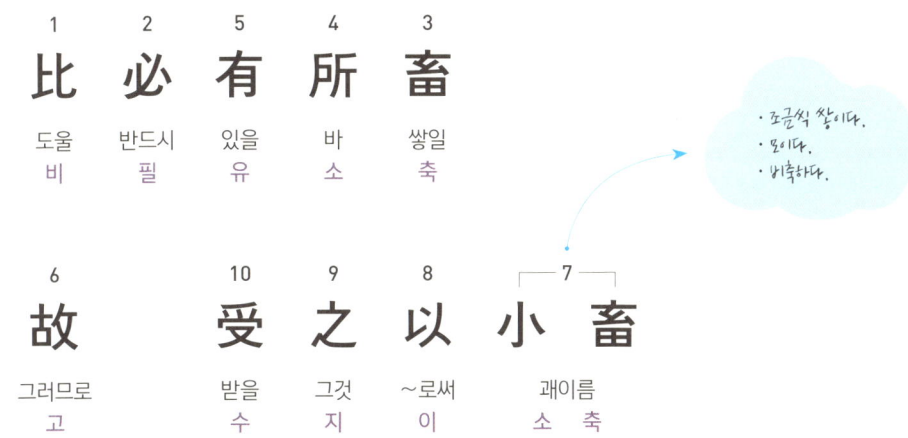

도움에는 반드시 쌓이는 바가 있다.
그러므로 소축괘로써 그것을 받았다.

톺아보기

1 比비 돕다.

3 畜축 쌓이다.

9 之지 그것. 여기서는 비괘.

7 小畜소축 괘이름.

象曰상왈 **風行天上**풍행천상 **小畜**소축
'괘의-상징적-의미[象]'는 이러하다. 바람이 하늘 위에서 부니 소축이다.

공영달은 위 내용을 이렇게 풀었다.
今風在天上금풍재천상 去物既遠거물기원 無所施무소시급 지금 바람이 하늘 위에 있어 만물과 떨어져 있어서 이미 멀어져 영향이 미치는 바가 없다.
* 바람이 하늘에만 분다. 그래서 땅에까지 미치지 않는다!

'小畜소축'은 조금씩[小] 쌓는[畜] 모습이다. 조금씩 저축할 정도여서 아직 베풀지는 못하는 상태다. '축'에는 '축적[畜]', '기름[畜養축양]', '그침 또는 머뭄[畜止축지]' 등의 여러 가지 의미가 있다. 인간관계에서 親比친비가까이하며 의지함가 형성된 이후에 '쌓고', '모이고', '기르는' 畜축의 관계가 생긴다. 그러므로 '비괘' 다음에 '소축괘'로 받았다.

9　　　　　　　10

☴☰ 　　　☰☱

風天小畜 풍천소축　　**天澤履** 천택리

☞ 9번괘와 10번괘는 하나의 순서쌍pairing을 이루면서 둘 사이에는 종괘의 관계가 있다.

☞ 綜卦종괘란 하나의 괘를 180° 회전시켜 상하를 완전히 뒤집어 놓은 것이다.

10 履 리 | CONDUCT

10

乾건 天천
兌태 澤택

天澤履 천택리

⑩ ☰☱

_{물 축 연 후   유 례}
物畜然後 有禮

_{고   수 지 이 리}
故 受之以履

만물이 쌓인 뒤에야 예가 있다.
그러므로 이괘로써 그것을 받았다.

번역순서

1	2	┌─ 3 ─┐	5	4
物	畜	然 後	有	禮
만물	쌓일	~한 뒤에야	있을	예
물	축	연 후	유	례

6	10	9	8	7
故	受	之	以	履
그러므로	받을	그것	~로써	괘이름
고	수	지	이	리

- 밟다.
- 경험하다.
- 실천하다.
- 예

만물이 쌓인 뒤에야 예가 있다.
그러므로 이괘로써 그것을 받았다.

톺아보기

1 物물   만물萬物. 이 세상에 있는 모든 것.

2 畜축   쌓이다.

~3 然後연후   ~한 뒤에야

9 之지   그것. 여기서는 소축괘.

7 履리 괘이름.

象曰상왈 **上天下澤**상천하택 **履**리
'괘의-상징적-의미[象]'는 이러하다. 위로 하늘이고 아래로 연못인 것이 리다.

정이는 위 내용을 이렇게 풀었다.
天而在上천이재상 澤而處下택이처하 上下之分상하지분 尊卑之義존비지의 理之當也리지당야 禮之本也예지본야 常履之道也상리지도야 故爲履고위리 하늘이면서 위에 있고 연못이면서 아래에 처하는 것은 위와 아래의 分數요 尊卑의 도리이다. 이치의 마땅함이며, 예의 근본이다. 늘 행하는 도다. 그러므로 예가 된다.

* 각자 제 자리에 있으면서 예를 실천한다!

'履리'는 원래 밟아 나아가는 모습이다. 원래 사람이 신고 다니는 신발이라는 뜻도 履에 있는데, 이런 점 때문에 '실천하다', '禮예' 등의 의미가 '리'에서 파생되어 나온다. 사람들이 조금씩[小] 모이다[畜] 보면 상하와 귀천의 구별인 예가 생기게 마련이다. 이런 점 때문에 '소축괘' 다음에 '이괘'로 받았다. 상하와 귀천의 구별을 말하는 것이 바로 禮예이다. 그런데 禮예는 사람이 예를 실천할 때 비로소 의미를 갖게 된다. 그런데 동양에서 예는 상하 귀천의 차별이 아닌 구별이 미학이다.

11 泰 태 | GOING WELL

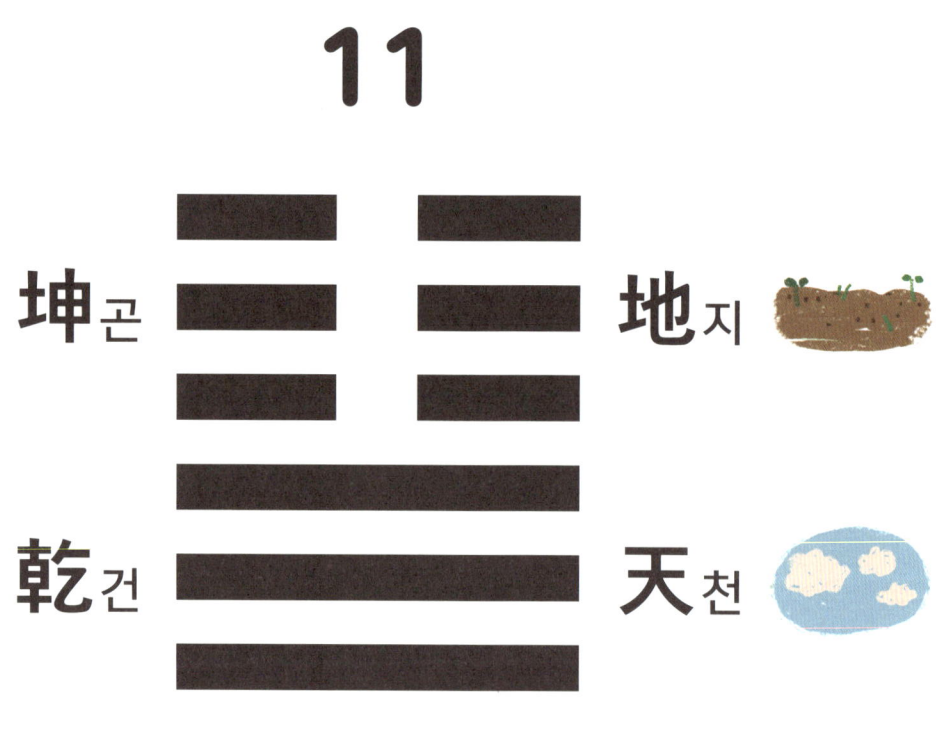

地天泰 지천태

⑪ ䷊

리 이 태 연 후   안
履而泰然後 安

고   수 지 이 태
故 受之以泰

태 자   통 야
泰者 通也

실천하여 통달한 뒤에야 편안하다.
그러므로 태괘로써 그것을 받았다.
태란 통하는 것이다.

| 번 | 역 | 순 | 서 |

1	2	3	4		5
履	而	泰	然 後		安
실천할	~하여	통달할	~한 뒤에야		편안할
리	이	태	연 후		안

6	10	9	8	7
故	受	之	以	泰
그러므로	받을	그것	~로써	괘이름
고	수	지	이	태

- 통하다.
- 편안하다.
- 형통하다.

11	12		13	14
泰	者		通	也
괘이름	~란		통할	~이다
태	자		통	야

실천하여 통달한 뒤에야 편안하다.
그러므로 태괘로써 그것을 받았다.
태란 통하는 것이다.

톺아보기

1 履리 실천하다.

~2 而이 ~하여.

3 泰태 통달하다.

~4 然後연후 ~한 뒤에야.

9 之지 그것. 여기서는 이괘.

7,11 泰태 괘이름.

> **象曰상왈 天地交천지교 泰태**
> '괘의-상징적-의미[象]'는 이러하다. 하늘과 땅이 사귀니 태이다.
> 공영달은 위 내용을 이렇게 풀었다.
> 天地交而陰陽和천지교이음양화 則萬物茂遂즉만물무수 천지가 사귀어 음양이 화합하면 만물이 무성하게 자란다.
> * 음양이 교류하니 번성한다!

'泰태'는 음양이 조화를 이루어 만사형통하고 편안함을 누리는 모습이다. 그래서 '통한다[通]'라는 뜻이 '泰태'에서 나온다. 이때 '통한다[通]'는 것은 자연계와 인간 사회에 모두 적용되며, 그것은 가장 최적의 상태 혹은 결과를 말한다. 자연계에서는 천지가 서로 교류한 후에 만물의 발육과 생장이 왕성해지고, 인간 사회에서는 위정자와 백성 간에 의사소통이 원활하여 서로 상대방이 무엇을 원하고 있는지를 알게 된 이후에 천하가 평안해지는 것이다. 이런 상태가 막힘이나 장애가 없는 '泰태'이다. 그러므로 각자 예를 실천하여 소통과 안녕을 취하니 '이괘' 다음에 '태괘'로 받았다.

~12 者자 …14 也야 ~란 …이다.

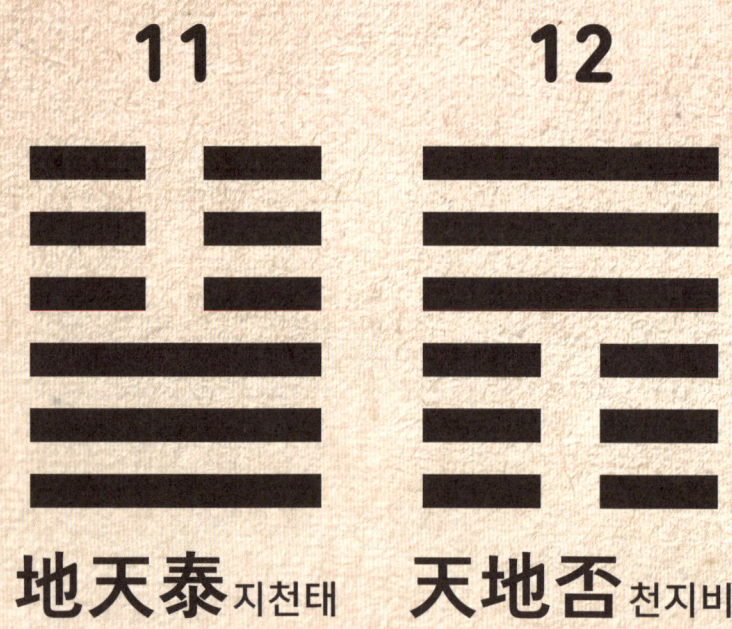

地天泰 지천태　　　天地否 천지비

☞ 11번괘와 12번괘는 하나의 순서쌍pairing을 이루면서 둘 사이에는 착괘와 종괘의 관계가 있다.

☞ 錯卦착괘란 괘에서 음[--]과 양[—]의 기호의 변환을 말하는 것으로 각각 효의 기호가 '음[--]이면 양[—]으로', '양[—]이면 음[--]으로' 바뀌는 것이다.

☞ 綜卦종괘란 하나의 괘를 180° 회전시켜 상하를 완전히 뒤집어 놓은 것이다.

12

否비 | STAGNATION

12

乾건　　　　天천

坤곤　　　　地지

天地否 천지비

⑫

물 불 가 이 종 통
物不可以終通

고　수 지 이 비
故　受之以否

만물은 결국 통할 수 없다.
그러므로 비괘로써 그것을 받았다.

| 번 | 역 | 순 | 서 |

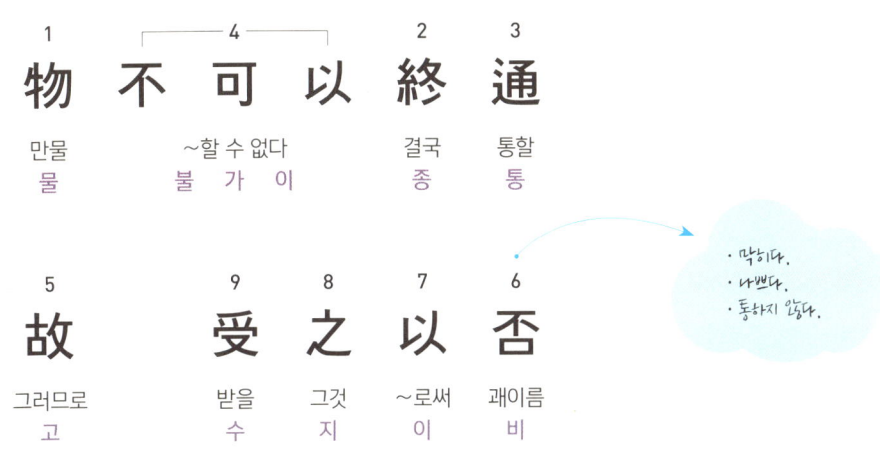

만물은 결국 통할 수 없다.
그러므로 비괘로써 그것을 받았다.

| 톺 | 아 | 보 | 기 |

1 **物**물 만물萬物. 이 세상에 있는 모든 것.

4 **不可以**불가이~ ~할 수 없다.

2 **終**종 결국, 마침내.

8 **之**지 그것. 여기서는 태괘.

6 **否**비 괘이름.

象曰상왈 **天地不交**천지불교 **否**비
'괘의-상징적-의미[象]'는 이러하다. 하늘과 땅이 서로 통하지 않으니 비[막힘]다.

　　　왕부지는 위 내용을 이렇게 풀었다.
　　　上不交下상불교하 **下不交上**하불교상 위는 아래와 서로 통하지 않고 아래는 위와 서로 통하지 않는다.
　* 음양이 서로 교류하지 않으니 꽉 막혀 있다!

'否비'는 천지 음양이 서로 통하지 않아 만물이 꽉 막힌 모습이다. '막힌다[否]'는 것은 '시운이 불통한다'는 뜻이다. '태괘'가 천지가 교류하여 만물이 활발히 상생하는 상태라면, '비괘'는 교류가 닫히고 막히는 폐색의 상태를 의미한다. 여기서는 이렇게 '태괘[通]' 다음에 정반대인 '비괘[不通]'로 받았다.

13　同人 동인 | COMMUNITY

13

乾건　　　　天천

離리　　　　火화

天火同人 천화동인

⑬ ☰

<small>물 불 가 이 종 비</small>
物不可以終否

<small>고　수 지 이 동 인</small>
故　受之以同人

만물은 결국 막힐 수 없다.
그러므로 동인괘로써 그것을 받았다.

번역순서

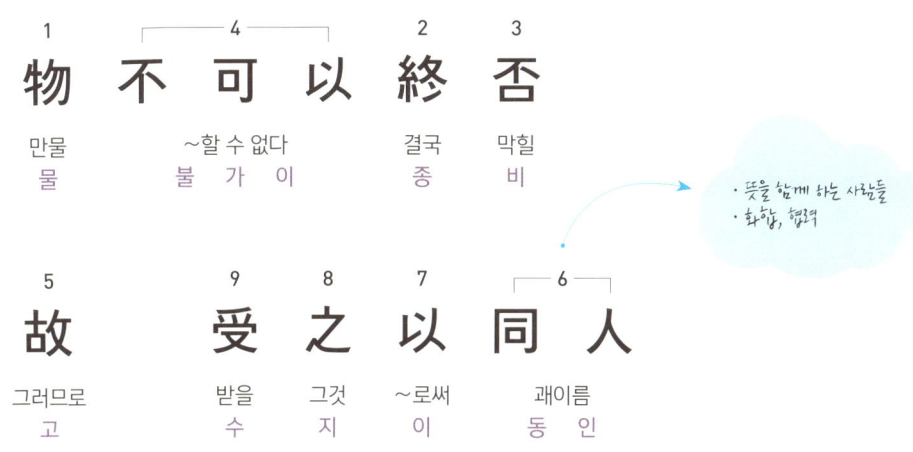

만물은 결국 막힐 수 없다.
그러므로 동인괘로써 그것을 받았다.

돋아보기

1 物물 만물萬物. 이 세상에 있는 모든 것.

4 不可以불가이~ ~할 수 없다.

2 終종 결국, 마침내.

3 否비 막히다.

8 之지 그것. 여기서는 비괘.

6 同人동인   괘이름.

> **象曰**상왈 **天與火**천여화 **同人**동인
> '괘의-상징적-의미[象]'는 이러하다. 하늘과 불이 동인이다.
> 　　　공영달은 위 내용을 이렇게 풀었다.
> 　　　天體在上천체재상 火又炎上화우염상 取其性同취기성동 하늘의 형상은 위에 있는데 불이 또 위로 타 오르니 그 성질이 같음을 취한다.
> 　　　* 뜻을-같이-하는-사람[同人]끼리 모인다!

'同人동인'은 다른 사람과 화합·협력하는 사람이다. '동인'은 다른 사람과의 대동과 단결 및 조화를 뜻한다. 세상이 막혀서 소통이 되지 않으면 서로 힘을 합쳐 이런 상황을 타개해야 하기 때문에 '동인괘'가 '비괘' 뒤에 나왔다.

13　　　　　　14

天火同人 천화동인　　火天大有 화천대유

☞ 13번괘와 14번괘는 하나의 순서쌍 pairing을 이루면서 둘 사이에는 종괘의 관계가 있다.

☞ 綜卦종괘란 하나의 괘를 180° 회전시켜 상하를 완전히 뒤집어 놓은 것이다.

14 大有 대유 | GREAT POSSESSION

離 리　　火 화
乾 건　　天 천

火天大有 화천대유

⑭ ䷍

<small>여 인 동 자　　물 필 귀 언</small>
與人同者　物必歸焉

<small>고　　수 지 이 대 유</small>
故　受之以大有

남과 함께 하는 사람은 만물이 반드시 따른다.
그러므로 대유괘로써 그것을 받았다.

| 번 | 역 | 순 | 서 |

남과 함께 하는 사람은 만물이 반드시 따른다.
그러므로 대유괘로써 그것을 받았다.

| 톺 | 아 | 보 | 기 |

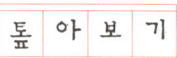 **與**여~ ~과.

1 **人**인 남.

3 **同**동 함께하다.

4 **者**자 사람.

5 **物**물 만물萬物. 이 세상에 있는 모든 것.

| 7 **歸**귀 | 따르다.

| 12 **之**지 | 그것. 여기서는 동인괘.

| 10 **大有**대유 | 괘이름.

象曰상왈 **火在天上**화재천상 **大有**대유
'괘의-상징적-의미[象]'는 이러하다. 불이 하늘 위에 있으니 대유이다.

공영달은 위 내용을 이렇게 풀었다.
天體高明천체고명 火性炎上화성염상 是照耀之物而在於天上시조요지물이재어천상 是光明之甚시광명지심 无所不照무소부조 하늘의 형상은 높고 밝으며, 불의 성질은 위로 타오른다. 이는 아름답게 빛나는 물건으로서 [태양이] 하늘 위에 있는 것이다. 이것의 光明이 심하여 비추지 못하는 곳이 없다.
* 하늘 높이 떠 있는 태양이 온 곳을 비춘다!

'大有대유'란 불이 천상에 있으면서 비추는 데가 광범위하여 그 혜택이 성대하고 풍요로움을 상징한다. 또한 '대유'는 '다-가지고-있다'는 뜻이냐. 옛사람들은 풍년이 든 해를 대유년이라 불렀다. 그러므로 서로 뜻을 같이 하는 '동인괘' 다음에 서로 크게[大] 가지는[有] '대유괘'로 받았다.

15 謙겸 | HUMILITY

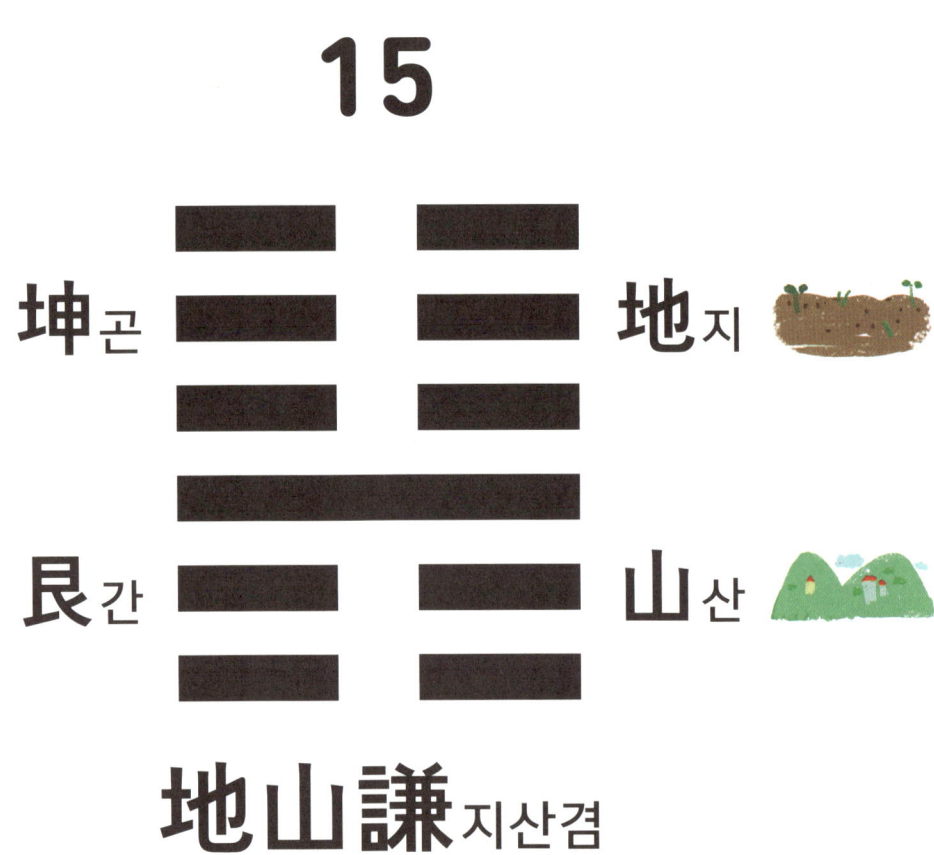

地山謙 지산겸

⑮ ䷎

유 대 자　　　불 가 이 영
有大者　不可以盈

고　　수　지　이　겸
故　受之以謙

다 가진 사람은 채울 수 없다.

그러므로 겸괘로써 그것을 받았다.

번역순서

2	1	3		5			4
有	大	者		不	可	以	盈
가질	다	사람		~할 수 없다			채울
유	대	자		불	가	이	영

6		10	9	8	7
故		受	之	以	謙
그러므로		받을	그것	~로써	괘이름
고		수	지	이	겸

- 겸손하다.
- 삼가다.

다 가진 사람은 채울 수 없다.
그러므로 겸괘로써 그것을 받았다.

톺아보기

2 有유 가지다.

1 大대 모두, 다.

3 者자 사람.

5 不可以불가이~ ~할 수 없다.

4 盈영 채우다.

9 之지 그것. 여기서는 대유괘.

7 謙겸 괘이름.

> **象曰**상왈 **地中有山**지중유산 **謙**겸
> '괘의-상징적-의미[象]'는 이러하다. 땅 속에 산이 있으니 겸이다.
>
> 공영달은 위 내용을 이렇게 풀었다.
> 地體卑下지체비하 山之高大而在地中산지고대이재지중 外卑下而內蘊高大之象외비하이내온고대지상 땅의 본성은 아래로 낮춘다. 산은 높고 크지만 [현재] 땅 속에 있다. [산이] 밖으로는 아래로 낮추면서 안으로는 높고 큰 모습을 감춘다.
> * 산이 자신의 모습을 땅 속에 감추었다!

'謙겸'은 남에게 겸손해 하는 모습이다. 그래서 '공경[敬]', '양보', '겸허謙虛', '겸손謙遜' 등이 '겸괘'에 들어 있다. 많이 가지고 있으면서도 다른 사람에게 자신을 낮추는 것이 이것이다. 다 가지고 있는 자는 더욱 겸손해야 한다. 그래서 '대유괘' 다음에 '겸괘'로 받았다.

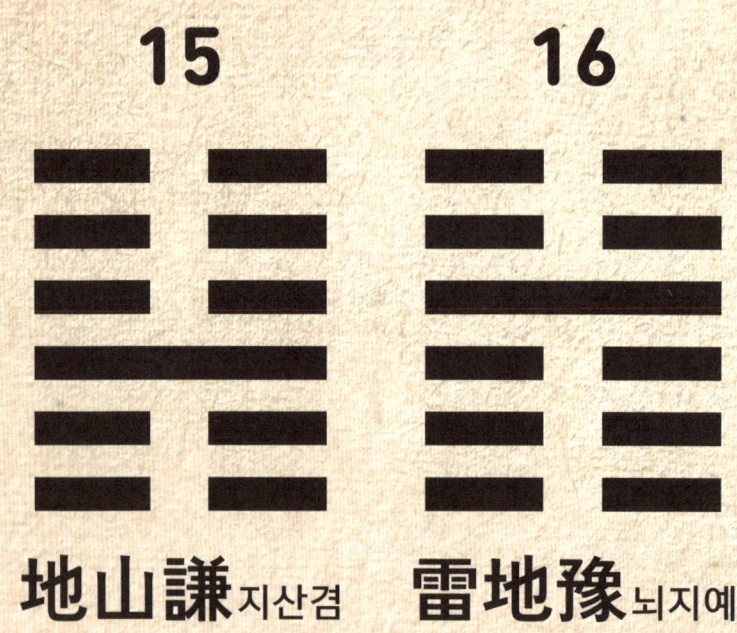

☞ 15번괘와 16번괘는 하나의 순서쌍pairing을 이루면서 둘 사이에는 종괘의 관계가 있다.

☞ 綜卦종괘란 하나의 괘를 180° 회전시켜 상하를 완전히 뒤집어 놓은 것이다.

16 豫예 | JOYFUL MOVING UP

雷地豫 뇌지예

⑯

有大而能謙必禮
유 대 이 능 겸 필 례

故 受之以豫
고 수 지 이 예

모두 가지니 겸손할 수 있고 반드시 예우한다.
그러므로 예괘로써 그것을 받는다.

번역순서

2	1	3	5	4	6	7
有	大	而	能	謙	必	禮
가질	다	~이니	~할 수 있을	겸손할	반드시	예우할
유	대	이	능	겸	필	례

8		12	11	10	9
故		受	之	以	豫
그러므로		받을	그것	~로써	괘이름
고		수	지	이	예

- 즐겁다.
- 기뻐하다, 화락하다.

모두 가지니 겸손할 수 있고 반드시 예우한다.
그러므로 예괘로써 그것을 받는다.

톺아보기

2 有유　가지다.

1 大대　모두, 다.

~3 而이　~이니.

5 能능~　~할 수 있다.

4 謙겸　겸손하다.

7 禮례 예우하다.

11 之지 그것. 여기서는 겸괘.

9 豫예 괘이름.

> **象曰상왈 雷出地奮뢰출지분 豫예**
> '괘의-상징적-의미[象]'는 이러하다. 천둥이 땅에서 나와 움직이니 예이다.
> 공영달은 위 내용을 이렇게 풀었다.
> 雷是陽氣之聲뢰시양기지성 奮是震動之狀분시진동지상 雷旣出地뢰기출지 震動萬物진동만물 被陽氣而生피양기이생 各皆逸豫각개일예 천둥은 陽氣양기의 소리이고 奮분은 진동하는 모양이다. 천둥이 이미 땅에서 나와 萬物만물을 진동시킨다. 陽氣양기를 입고 태어난다. 각각 모두 놀며 즐긴다.
> * 모두가 즐거워서 춤을 춘다!

> '豫예'는 만물이 생기를 얻어 기쁨을 누리는 모습이다. 더 나아가 인심이 화락和樂할 상이다. 또한 '예'에는 '기뻐하다', '편안하다' 뿐만 아니라 '태만하다', '예비하다'는 뜻도 있다. 겸손한 사람에 대해서는 사람들이 모두 즐거워한다. 그러므로 '겸괘' 다음에 '예괘'로 받았다.

17 隨수 | FOLLOWING

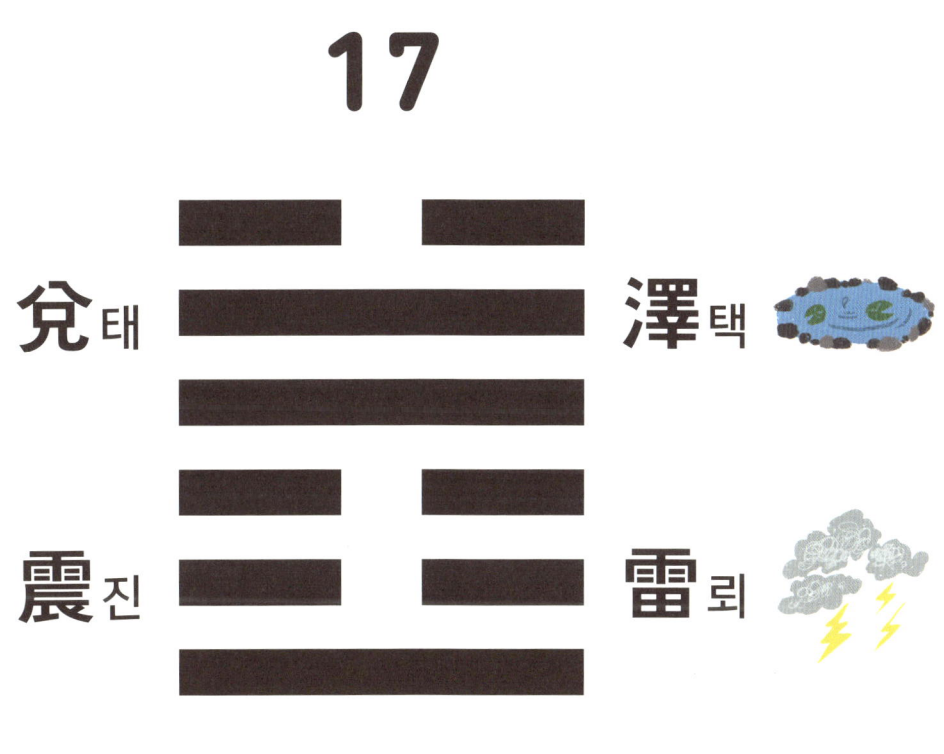

澤雷隨택뢰수

⑰ ䷐

예 필 유 수
豫必有隨

고　　수 지 이 수
故　受之以隨

즐거우면 따르는 사람이 있다.
그러므로 수괘로써 그것을 받았다.

| 번 | 역 | 순 | 서 |

| 1 | 2 | 4 | 3 |

豫　必　有　隨

즐거울　~하면　있을　따르는 사람
예　　필　　유　　수

· 따르다.
· 동반하다.
· 수행하다.

| 5 | | 9 | 8 | 7 | 6 |

故　　　受　之　以　隨

그러므로　　받을　그것　~로써　괘이름
고　　　　수　　지　　이　　수

즐거우면 따르는 사람이 있다.
그러므로 수괘로써 그것을 받았다.

| 돝 | 아 | 보 | 기 |

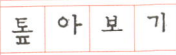

1 豫예　즐거움.

~2 必필　~하면.

3 隨수　따르는 사람.

8 之지　그것. 여기서는 예괘.

7 以이~　~로써.

101

6 **隨수** 괘이름.

> **象曰**상왈 **澤中有雷**택중유뢰 **隨수**
> '괘의-상징적-의미[象]'는 이러하다. 연못 속에 천둥이 있으니 수이다.
>
> 정이는 위 내용을 이렇게 풀었다.
> **雷震於澤中**뢰진어택중 **澤隨而動**택수이동 **隨之象也**수지상야 천둥이 연못 속에서 진동하니 연못이 따라서 움직인다. 따라가는 모습이다.
> * 연못 안에 천둥이 치니 연못의 물도 따라 움직인다!

'隨수'는 서로 따르는 모습이다. '수'에는 '따르다', '동반하다', '의거하다' 등의 의미가 들어있다. 사람들이 즐거워하면서 그 사람을 따른다. 그래서 '예괘' 다음에 '수괘'로 받았다.

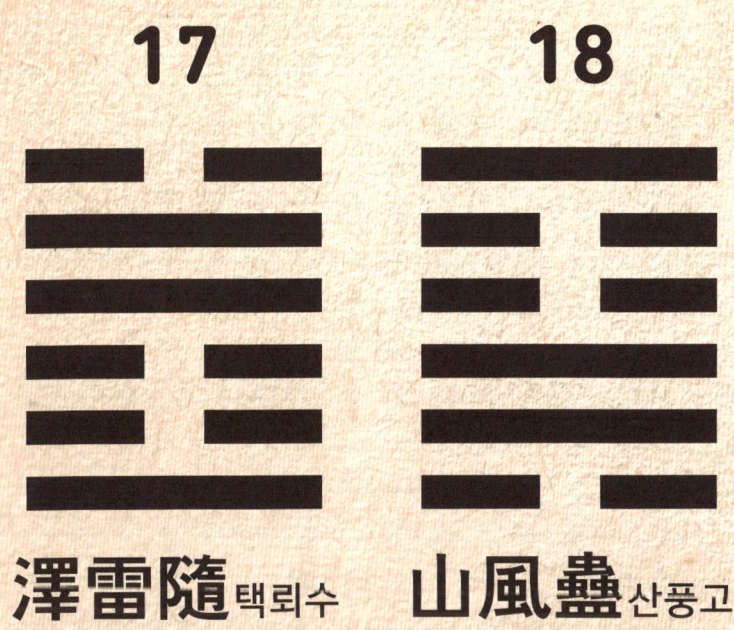

- 17번괘와 18번괘는 하나의 순서쌍pairing을 이루면서 둘 사이에는 종괘의 관계가 있다.
- 綜卦종괘란 하나의 괘를 180° 회전시켜 상하를 완전히 뒤집어 놓은 것이다.

18 蠱 고 | DECAY IN COMFORT

艮 간　山 산
巽 손　風 풍

山風蠱 산풍고

⑱ ䷑

이 희 수 인 자　　필 유 사
以喜隨人者　必有事

고　　수 지 이 고
故　受之以蠱

고 자　　사 야
蠱者　事也

즐겁게 남이 따르는 것은 반드시 일이 있다.
그러므로 고괘로써 그것을 받았다.
고란 일이다.

| 번 | 역 | 순 | 서 |

2	1	4	3	5		6	8	7
以	喜	隨	人	者		必	有	事
~으로	즐거움	따를	남	것		반드시	있을	일
이	희	수	인	자		필	유	사

9		13	12	11	10
故		受	之	以	蠱
그러므로		받을	그것	~로써	괘이름
고		수	지	이	고

- 그릇 위에 득실거리는 벌레들
- 방쳐진 길
- 부패

14	15		16	17
蠱	者		事	也
괘이름	~란		일	~이다
고	자		사	야

즐겁게 남이 따르는 것은 반드시 일이 있다.
그러므로 고괘로써 그것을 받았다.
고란 일이다.

| 톺 | 아 | 보 | 기 |

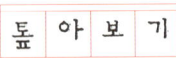   ~으로.

1 喜희	기쁨, 즐거움.
4 隨수	따르다.
3 人인	남.
5 者자	것.
12 之지	그것. 여기서는 수괘.
11 以이~	~로써.
10,14 蠱고	괘이름.

象曰상왈 **山下有風**산하유풍 **蠱**고
'괘의-상징적-의미[象]'는 이러하다. 산 아래에 바람이 있으니 고이다.

정이는 위 내용을 이렇게 풀었다.
山下산하**有風**유풍 **風在山下**풍재산하 **遇山而回則物亂**우산이회즉물란 **是爲蠱象**시위고상
산 아래에 바람이 있다. 바람이 산 아래에 있어서 산을 만나 도니 만물이 어지럽다. 이것이 고괘의 모습이 된다.
* 바람이 세차게 불어 모든 것이 엉망이다!

'蠱고'는 壞亂괴란이 극에 달해 있는 모습이다. '蠱'라는 글자는 원래 그릇[皿]에 벌레[蟲]가 있는 것으로 먹는 양식에 벌레가 생긴 것을 말한다. 이것을 사회적인 측면에 적용해 볼 수 있다. '고'는 너무 오랫동안 안일에 빠져 그대로 놓아두고 조금도 개선의 여지가 없어서 생기는 폐단이다. 사람들이 따르다 보면 한곳에 안주하여 자연히 부패한 일이 생기게 된다. 그래서 '수괘' 다음에 '고괘'로 받았다.

| ~15 者자 …17 也야 | ~란 …이다. |

19 臨 림 | APPROACHING

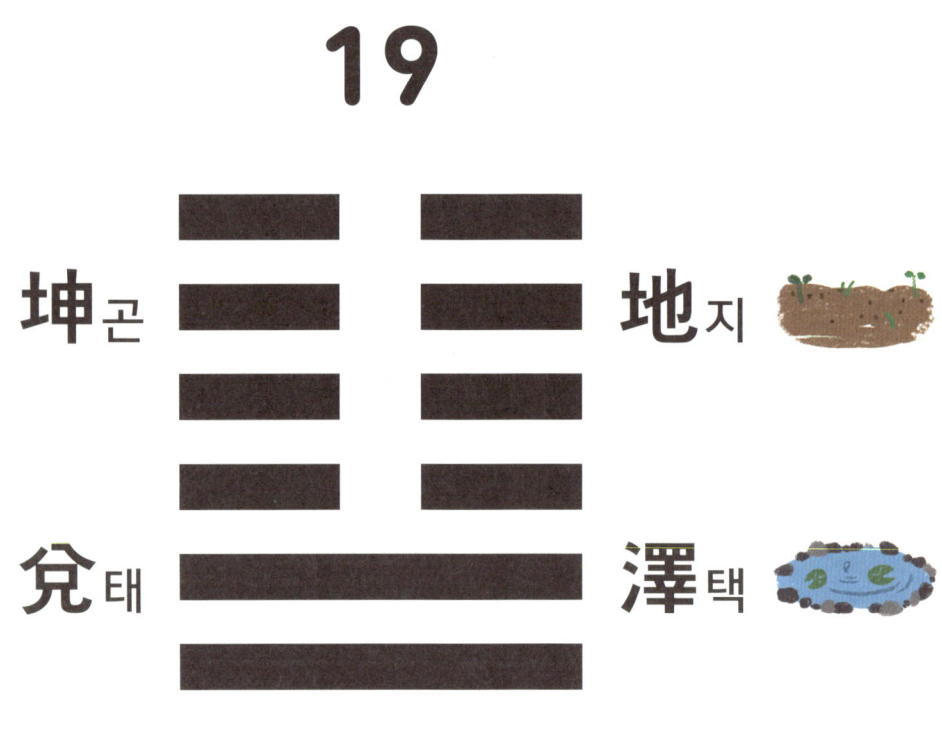

地澤臨 지택림

⑲ ䷒

^유 ^사 ^이 ^후　^가 ^대
有事而後　可大

^고　^수 ^지 ^이 ^림
故　受之以臨

^림 ^자　^대 ^야
臨者　大也

일이 있은 이후에 크게 할 수 있다.

그러므로 임괘로써 그것을 받았다.

임이란 큰 것이다.

| 번 | 역 | 순 | 서 |

일이 있은 이후에 크게 할 수 있다.
그러므로 임괘로써 그것을 받았다.
임이란 큰 것이다.

돋아보기

~³ 而後이후 ~이후에.

⁵ 可가~ ~할 수 있다.

⁴ 大대 크게 하다.

⁹ 之지 그것. 여기서는 고괘.

⁷,¹¹ 臨림 괘이름.

> **象曰상왈 澤上有地택상유지 臨림**
> '괘의-상징적-의미[象]'는 이러하다. 연못 위에 땅이 있으니 림이다.
>   왕부지는 위 내용을 이렇게 풀었다.
>   澤上之地택상지지 澤之浹入於地者厚矣택지협입어지자후의 연못 위의 땅은 연못이 땅에 두루 미쳐 들어가는 것이니 [연못의 혜택이] 크다.
>   * 연못의 혜택이 땅에 두루 미쳐나간다!

> '臨림'은 '어떤 것이 나아가 사물에 육박하는[to approach] 모습'이다. '임'에는 '다스리다', '내려다보다', '크다' 등의 의미도 있다. 또한 '임'은 높은데 자리하면서 아래를 내려다보는 것을 말한다. 더불어 '임'은 어떤 일이 다시 바로잡혀 시작 후에 일이 점점 커져 가는 것을 말하기도 한다. <u>'고괘'에서 '고'란 '일[事]'이기 때문에 일을 도모하면 더욱 크게 된다. 그러므로 '고괘' 다음에 '임괘'로 받았다.</u>

~¹² 者자 …¹⁴ 也야 ~란 …이다.

¹³ 大대 크다.

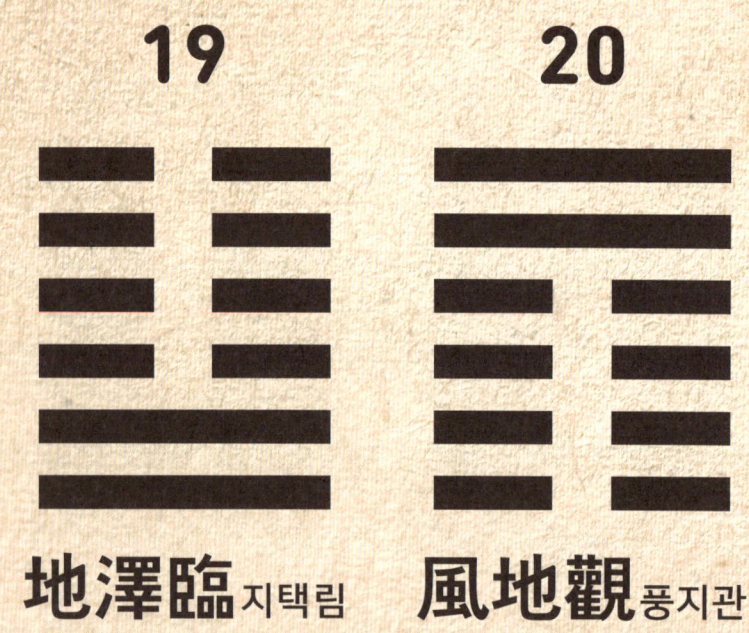

地澤臨 지택림　　風地觀 풍지관

☞ 19번괘와 20번괘는 하나의 순서쌍pairing을 이루면서 둘 사이에는 종괘의 관계가 있다.

☞ 綜卦종괘란 하나의 괘를 180° 회전시켜 상하를 완전히 뒤집어 놓은 것이다.

20 觀관 | LOOKING DOWN

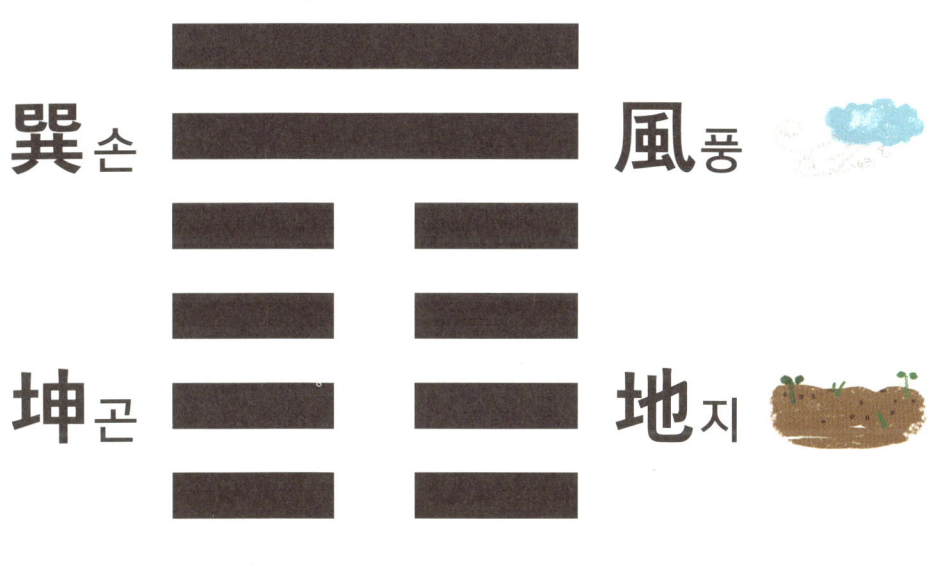

風地觀 풍지관

20

_물 _대 _연 _후　　_가 _관
物大然後　可觀

_고　　_수 _지 _이 _관
故　受之以觀

만물이 큰 뒤에야 볼 수 있다.

그러므로 관괘로써 그것을 받았다.

번역순서

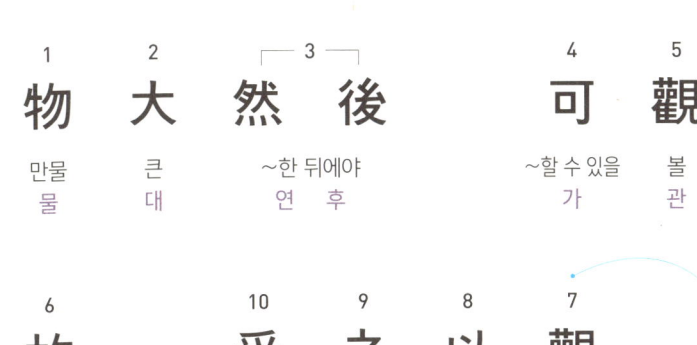

만물이 큰 뒤에야 볼 수 있다.
그러므로 관괘로써 그것을 받았다.

톺아보기

1 **物**물   만물萬物. 이 세상에 있는 모든 것.

2 **大**대   크다.

3 **然後**연후~   ~한 뒤에야.

5 **觀**관   보다.

9 **之**지   그것. 여기서는 임괘.

7 觀관 괘이름.

> **象曰**상왈 **風行地上**풍행지상 **觀**관
> '괘의-상징적-의미[象]'는 이러하다. 바람이 땅 위를 가니 관이다.
> 왕부지는 위 내용을 이렇게 풀었다.
> 風行地上풍행지상 省之觀之성지관지 바람이 땅 위를 가니 땅을 살피고 땅을 본다.
> * 내려다보면서 핵심을 본다!

'觀관'은 단순히 그냥 보는 것이 아니라 자세하고 상세히 살펴서 사물과 사태의 깊은 곳, 곧 가장 본질적인 것을 꿰뚫어 보는 것을 말한다. 그래서 '관'에는 '널리 보다', '자세히 보다', '살펴보다'라는 뜻이 있다. 어떤 것이 커지면 볼만해진다. 그래서 '어떤-것이-커진다[臨]'는 '임괘' 다음에 '본다[觀]'는 '관괘'로 받았다.

21

噬嗑 서합 | BITING THROUGH

離리　　火화
震진　　雷뢰

火雷噬嗑 화뢰서합

㉑ ䷔

<small>가관이후   유소합</small>
可觀而後　有所合

<small>고   수지이서합</small>
故　受之以噬嗑

<small>합자   합야</small>
嗑者　合也

볼 수 있은 이후에 합하는 바가 있다.
그러므로 서합괘로써 그것을 받았다.
합이란 합하는 것이다.

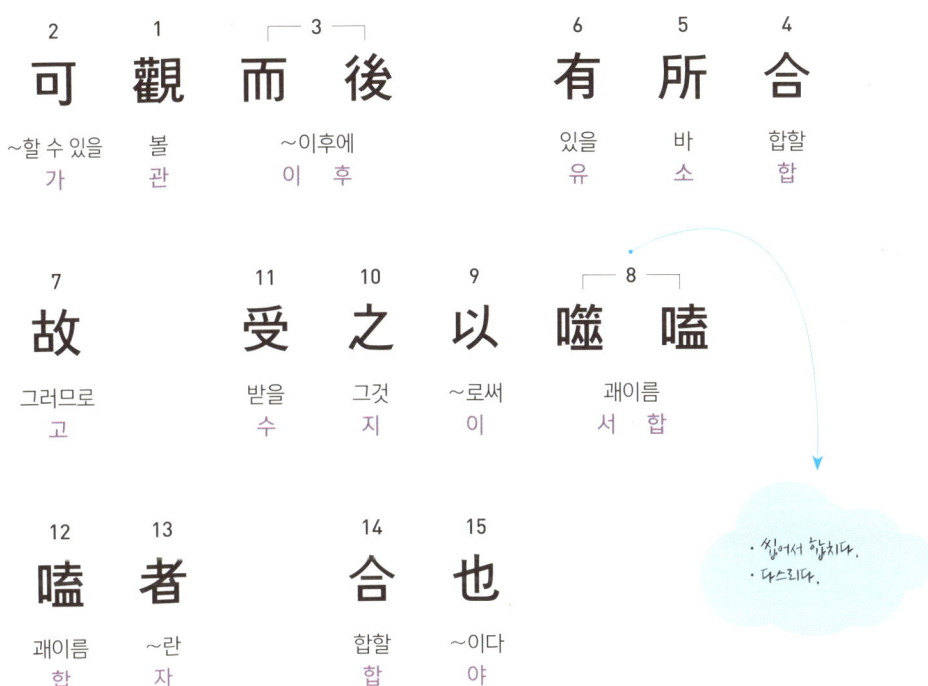

볼 수 있은 이후에 합하는 바가 있다.
그러므로 서합괘로써 그것을 받았다.
합이란 합하는 것이다.

돋아보기

2 可가   ~할 수 있다.

~3 而後이후   ~이후에.

10 之지   그것. 여기서는 관괘.

8 噬嗑서합   괘이름.

> **象曰**상왈 **雷電**뢰전 **噬嗑**서합
> '괘의-상징적-의미[象]'는 이러하다. 천둥과 번개가 서합이다.
> 공영달은 위 내용을 이렇게 풀었다.
> **但噬嗑之象**단서합지상 **其象在口**기상재구 다만 서합괘噬嗑卦의 형상은 그 모습이 입에 있다.
> * 음식물을 씹어 삼킨다!
>
> ⑥ ▬ 위턱
> ⑤ ▬ ▬ 치아
> ④ ▬ 음식물
> ③ ▬ ▬ 치아
> ② ▬ ▬ 치아
> ① ▬ 아래턱

'噬嗑서합'은 천둥과 번개가 활발하게 운동하는 형상이다. 이 괘의 모양을 보자. 상하의 二陽이양그림에서 ⑥번과 ①번은 턱, 사이의 三陰삼음그림에서 ⑤번·③번·②번은 齒이를 나타내며 九四구시의 一陽일양그림에서 ④번은 그 사이에 있는 음식물을 나타낸다. 齒이사이에 음식물이 끼어 있으면 위아래의 턱이 서로 맞닿을 수 없으므로 '서합괘'는 이 사이에 끼어 있는 음식물을 부수어 트리고 상하의 턱을 합치시킨다는 뜻이다. 즉, 그것은 위와 아래의 왕성한 활동을 통하여 사이에 낀 방해물을 제거하고 화합을 이룩한다는 의미이다. 따라서 '서·합'에서 '噬서'는 '씹는다'는 뜻이고, '嗑합'은 '合합'과 통하는 글자로 '합한다'는 뜻이다. 곧, '씹어·먹음'이 '서·합'이다. 이 괘는 밝은 지혜로 민첩하게 행동하여 방해자를 제거하고 화합을 실현하는 도리를 말한다. 볼만 것이 있는 다음에 합치려는 것이 있으니 '관괘' 다음에 '서합괘'로 받았다.

12 嗑합   괘이름.

~13 者자 **…15 也**야   ~란 …이다.

21　　　　　　　22

火雷噬嗑 화뢰서합

山火賁 산화비

☞ 21번괘와 22번괘는 하나의 순서쌍pairing을 이루면서 둘 사이에는 종괘의 관계가 있다.

☞ 綜卦종괘란 하나의 괘를 180° 회전시켜 상하를 완전히 뒤집어 놓은 것이다.

22 賁비 | GRACE

22

艮간　　　山산
離리　　　火화

山火賁 산화비

㉒ ䷕

<ruby>物<rt>물</rt></ruby> <ruby>不<rt>불</rt></ruby> <ruby>可<rt>가</rt></ruby> <ruby>以<rt>이</rt></ruby> <ruby>苟<rt>구</rt></ruby> <ruby>合<rt>합</rt></ruby> <ruby>而<rt>이</rt></ruby> <ruby>已<rt>이</rt></ruby>

<ruby>故<rt>고</rt></ruby>　<ruby>受<rt>수</rt></ruby> <ruby>之<rt>지</rt></ruby> <ruby>以<rt>이</rt></ruby> <ruby>賁<rt>비</rt></ruby>

<ruby>賁<rt>비</rt></ruby> <ruby>者<rt>자</rt></ruby>　<ruby>飾<rt>식</rt></ruby> <ruby>也<rt>야</rt></ruby>

만물은 구차하게 합할 수 없을 뿐이다.

그러므로 비괘로써 그것을 받았다.

비란 꾸미는 것이다.

| 번 | 역 | 순 | 서 |

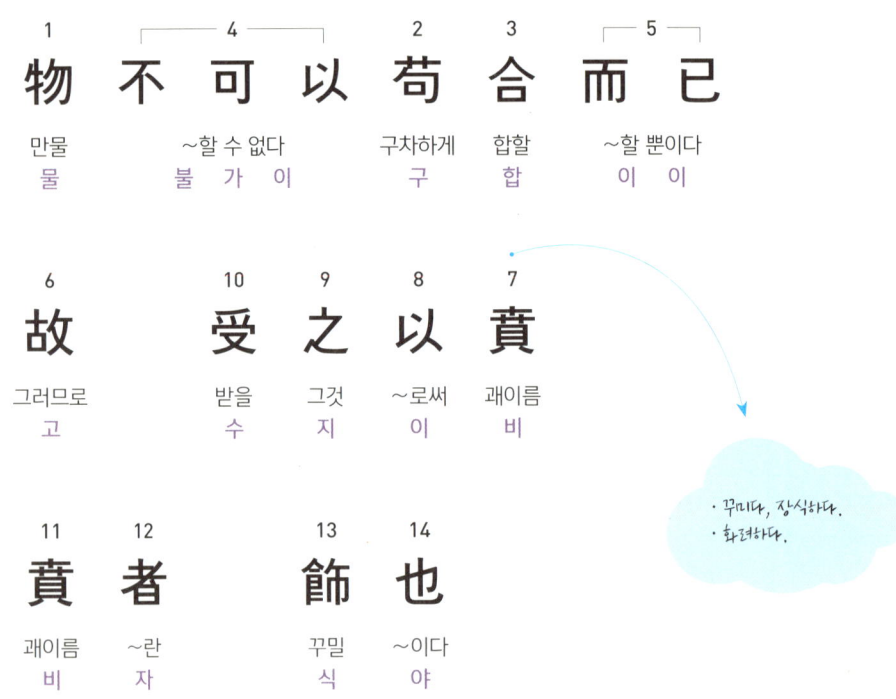

만물은 구차하게 합할 수 없을 뿐이다.
그러므로 비괘로써 그것을 받았다.
비란 꾸미는 것이다.

| 돋 | 아 | 보 | 기 |

¹ **物**물   만물萬物. 이 세상에 있는 모든 것.

⁴ **不可以**불가이**~**   ~할 수 없다.

² **苟**구   구차하게.

~⁵ **而已**이이   ~할 뿐이다.

⁹ **之**지   그것. 여기서는 서합괘.

^{7,11} **賁**비   괘이름.

> **象曰**상왈 **山下有火**산하유화 **賁**비
> '괘의-상징적-의미「象」'는 이러하다 산 아래에 불이 있으니 비다.
>
> 정이는 위 내용을 이렇게 풀었다.
> 山者산자 草木百物之所聚也초목백물지소취야 下有火하유화 則照見其上즉조현기상 草木品彙皆被其光彩초목품휘개피기광채 산이란 풀과 나무와 같이 온갖 것들이 모이는 곳이다. 산 아래에 불이 있다면 산 위를 비추어 나타낸다. 풀과 나무 등 온갖 것들이 모두 광채가 난다.
> * 불빛이 산을 비춘다!

> '賁비'에는 '꾸미다', '섞이다', '장식하다', '아름답다' 등의 뜻이 있다. 이는 文飾문식의 화려함을 뜻한다. 물건이나 사람이 합치게 되면 반드시 꾸밈이 필요하다. 그래서 '서합괘' 다음에 '비괘'로 받았다.

~¹² **者**자 **…**¹⁴ **也**야   ~란 …이다.

¹³ **飾**식   꾸미다.

23 剝박 | SPLITTING APART

23

艮간　　　　山산
坤곤　　　　地지

山地剝 산지박

㉓ ䷖

_{치 식 연 후} _{형 즉 진 의}
致飾然後 亨則盡矣

_고 _{수 지 이 박}
故 受之以剝

_{박 자} _{박 야}
剝者 剝也

꾸밈을 이룬 뒤에야 형통하니 모두 다한다.

그러므로 박괘로써 그것을 받았다.

박이란 깍아내는 것이다.

번역순서

2	1	3		4	5	6	7
致	飾	然	後	亨	則	盡	矣
이룰	꾸밈	~한 뒤에야		형통할	모두	다 할	~이다
치	식	연	후	형	즉	진	의

8	12	11	10	9
故	受	之	以	剝
그러므로	받을	그것	~로써	괘이름
고	수	지	이	박

13	14	15	16
剝	者	剝	也
괘이름	~란	깎아낼	~이다
박	자	박	야

· 벗기다, 깎아내다.
· 쪼개지다.

꾸밈을 이룬 뒤에야 형통하니 모두 다한다.
그러므로 박괘로써 그것을 받았다.
박이란 깎아내는 것이다.

돋아보기

1 **飾**식 꾸밈.

~³ 然後연후   ~한 뒤에야.

⁴ 亨형   형통하다.

⁵ 則즉   부사로서 이미 이루어진 일을 강조하고 문장 끝의 '矣'와 어울리며 '모두', '이미'.

⁶ 盡진   다하다.

¹¹ 之지   그것. 여기서는 비괘.

⁹,¹³ 剝박   괘이름.

> **象曰**상왈 **山附於地**산부어지 **剝**박
> '괘의-상징적-의미[象]'는 이러하다. 산이 땅에 붙어 있으니 박이다.
> 공영달은 위 내용을 이렇게 풀었다.
> 山本高峻산본고준 今附於地금부어지 卽是剝落之象즉시박락지상 산은 본래 높고 험한데 지금 땅에 붙어 있으니, 곧 이것은 剝落박락﹕긁히고 깎이어서 떨어져 나감의 모습이다.
> * '산이 무너져 평평해진다!'

'剝박'은 '깎아내다', '벗겨지다'는 뜻이다. 그 전의 '비괘'가 꾸미는 것인데, 장식이 지나치게 되면 이것을 깎아내지 않으면 안 된다. 그러므로 '비괘' 다음에 '박괘'가 오는 이유이다. 만물이 완성된 후에는 반드시 점차 소멸해 가기 시작한다. '박'은 음의 세력이 점차 강해지고 양의 힘이 극도로 약해져 붕괴 직전의 상태를 말한다.

⑥ ─ 양
⑤ ─ ─ 음
④ ─ ─ 음
③ ─ ─ 음
② ─ ─ 음
① ─ ─ 음

음이 아래로부터 치고 올라와 양이 위태롭다!

¹⁵ 剝박   깎아내다.

~¹⁴ 者자 **…¹⁶ 也**야   ~란 …이다.

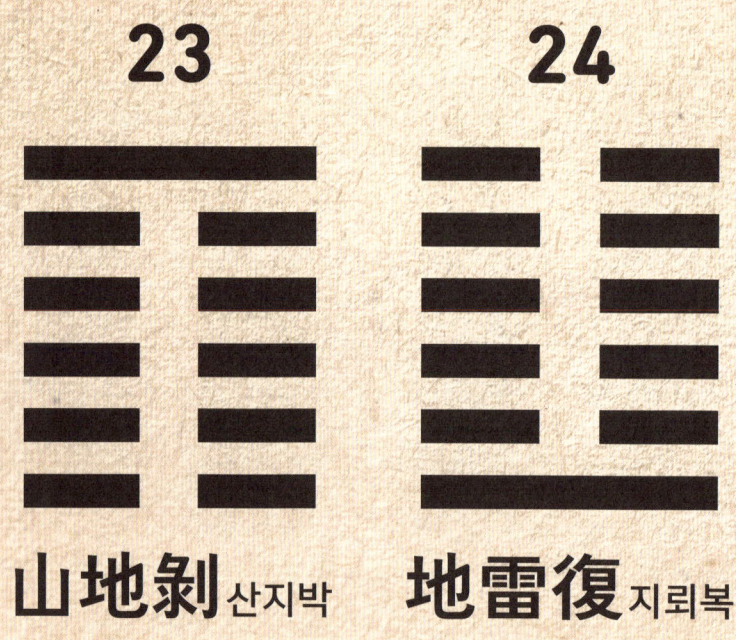

☞ 23번괘와 24번괘는 하나의 순서쌍pairing을 이루면서 둘 사이에는 종괘의 관계가 있다.

☞ 綜卦종괘란 하나의 괘를 180° 회전시켜 상하를 완전히 뒤집어 놓은 것이다.

24　復 복 | RESTARTING POINT

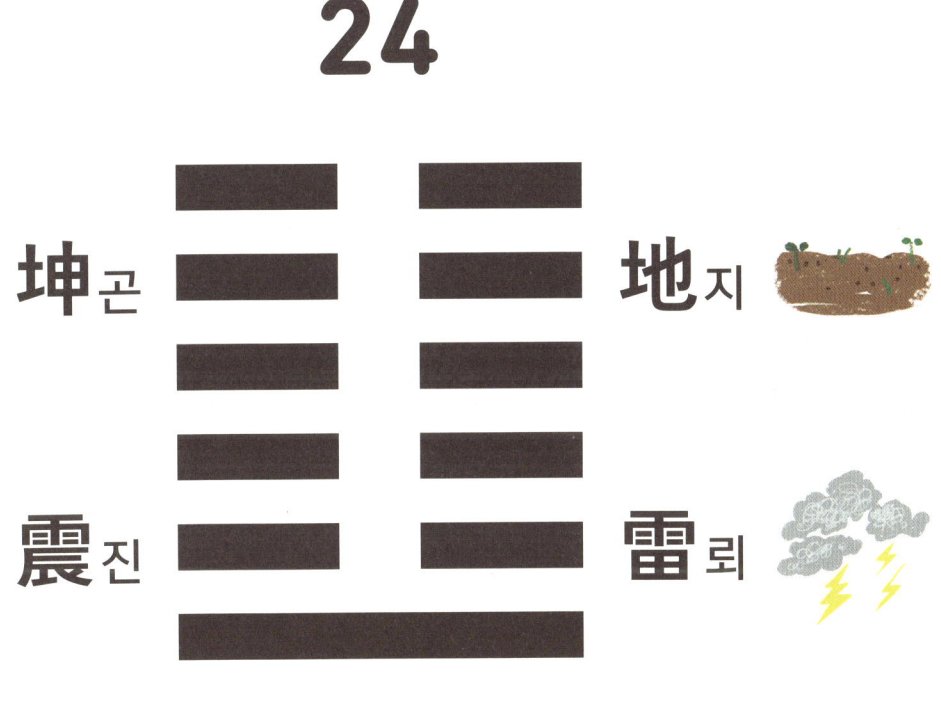

地雷復 지뢰복

㉔

物^물 不^불 可^가 以^이 終^종 盡^진　剝^박

窮^궁 上^상 反^반 下^하

故^고　受^수 之^지 以^이 復^복

만물은 결국 다할 수 없다.
박은 위에서 다하니 아래로 되돌아간다.
그러므로 복괘로써 그것을 받았다.

| 번 | 역 | 순 | 서 |

```
   1          ――― 4 ―――        2      3         5
   物     不      可      以     終     盡        剝
  만물   ~할 수 없다              결국   다 할    괘이름
   물     불      가      이     종     진        박

         7       6       9       8
         窮      上      反      下
        다 할    위    되돌아갈  아래
         궁      상      반      하

        10      14      13      12      11
         故      受      之      以      復
       그러므로  받을    그것   ~로써   괘이름
         고      수      지      이      복
```

- 돌아오다.
- 회복하다.
- 다시 시작하다.

―――

만물은 결국 다할 수 없다.
박은 위에서 다하니 아래로 되돌아간다.
그러므로 복괘로써 그것을 받았다.

돌아보기

1 物물 만물萬物. 이 세상에 있는 모든 것.

4 不可以불가이~ ~할 수 없다.

2 終종 결국, 마침내.

7 窮궁 다하다.

9 反반 되돌아가다.

13 之지 그것. 여기서는 박괘.

11 復복 괘이름.

象曰상왈 雷在地中뢰재지중 復복
'괘의-상징적-의미[象]'는 이러하다. 천둥이 땅속에 있으니 복이다.

정이는 위 내용을 이렇게 풀었다.
雷者뢰자 陰陽相薄而成聲음양상박이성성 當陽之微당양지미 未能發也미능발야 雷在地中뢰재지중 陽始復之時也양시복지시야 천둥이란 음과 양이 서로 부딪쳐서 소리를 내는데 당연히 양이 숨어서 아직 일어날 수 없다. 천둥이 땅속에 있는 것은 양이 비로소 회복하려는 때다.
* 원래의 자리로 돌아와 회복한다!

'復복'은 기운이 순환하는 모습이다. 이것은 돌아와서 다시 시작한다는 의미이다. 자연의 법칙에 의해 음이 극하면 양이 다시 회복되고, 양이 극단에 이르면 다시 음으로 돌아가서 회복된다. 이때 '복'은 음이 극에 달해 양으로 복귀하는 것을 말한다. 그래서 음이 다한 '박괘'에서 양이 시작하는 '복괘'로 받았다.

⑥ -- 음
⑤ -- 음
④ -- 음
③ -- 음
② -- 음
① — 양

음이 다해서 양이 다시 시작된다!

25 | 无妄 무망 | INNOCENCE

25

乾건　　天천

震진　　雷뢰

天雷无妄 천뢰무망

㉕ ䷘

복 즉 불 망 의
復則不妄矣

고 수 지 이 무 망
故 受之以无妄

돌아오니 모두 헛됨이 없다.
그러므로 무망괘로써 그것을 받았다.

번역순서

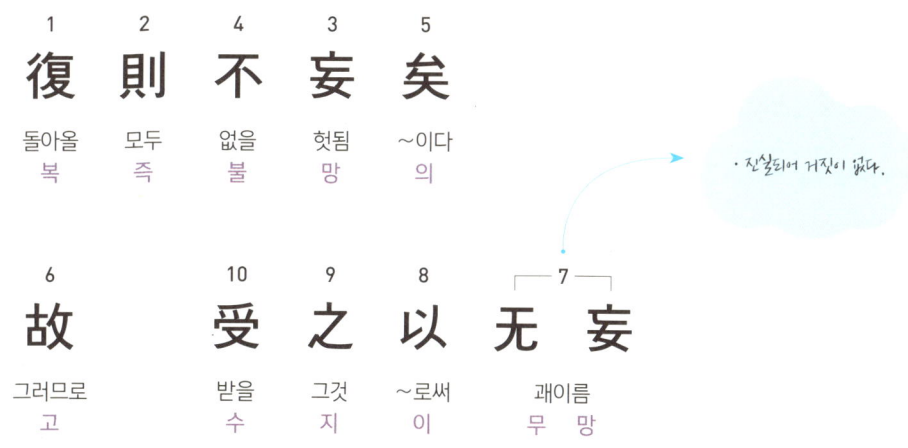

돌아오니 모두 헛됨이 없다.
그러므로 무망괘로써 그것을 받았다.

톺아보기

1 復복 돌아오다.

2 則즉 부사로서 이미 이루어진 일을 강조하고 문장 끝의 '矣'와 어울리며 '모두', '이미'.

3 妄망 헛됨.

9 之지 그것. 여기서는 복괘.

7 无妄무망 괘이름.

> **象曰**상왈 **天下雷行**천하뢰행 **物與无妄**물여무망
> '괘의-상징적-의미[象]'는 이러하다. 하늘 아래 천둥이 널리 퍼지니 만물이 모두 망령됨이 없다.
>
> 공영달은 위 내용을 이렇게 풀었다.
> **雷是威恐之聲**뢰시위공지성 **今天下雷行**금천하뢰행 **震動萬物**진동만물 **物皆驚肅**물개경숙 **无敢虛妄**무감허망 천동은 두려워하는 소리이다. 지금 하늘 아래 천둥이 널리 퍼져 만물이 진동한다. 만물이 다 놀라고 조용해지니 감히 거짓되고 망령됨이 없다.
> * 하늘이 두려워 망령됨이 없다!

'无妄무망'은 '진실하고-속임이-없음'을 의미한다. '妄망'에 대해 『설문해자』에서는 "망은 어지러운 것이다[妄 亂也]"라고 풀고 있으니, '무망'은 어지럽거나 혼란함이 없는 것이다. 처음으로 되돌아가면 거짓됨이 없으므로 '복괘' 다음에 '무망괘'로 받았다.

25
26

天雷无妄 천뢰무망   山天大畜 산천대축

 25번괘와 26번괘는 하나의 순서쌍 pairing을 이루면서 둘 사이에는 종괘의 관계가 있다.

 綜卦종괘란 하나의 괘를 180° 회전시켜 상하를 완전히 뒤집어 놓은 것이다.

26 大畜 대축 | GREAT ACCUMULATION

艮간　　　　山산

乾건　　　　天천

山天大畜 산천대축

㉖ ䷙

유 무 망 연 후　　가 축
有 无 妄 然 後　可 畜

고　수 지 이 대 축
故　受 之 以 大 畜

무망이 있은 뒤에야 쌓을 수 있다.
그러므로 대축괘로써 그것을 받았다.

번역순서

무망이 있은 뒤에야 쌓을 수 있다.
그러므로 대축괘로써 그것을 받았다.

톺아보기

1 无妄 무망 거짓됨이 없음. 진실하고 속임이 없는 것.

~3 然後 연후 ~한 뒤에야.

4 畜 축 쌓다.

9 之 지 그것. 여기서는 무망괘.

7 大畜대축 괘이름.

象曰상왈 **天在山中**천재산중 **大畜**대축
'괘의-상징적-의미[象]'는 이러하다. 하늘이 산 속에 있으니 대축이다.

정이는 위 내용을 이렇게 풀었다.
天爲至大而在山之中천위지대이재산지중 所畜至大之象소축지대지상 하늘은 지극히 큰 것이지만 산 속에 있으니 축적함이 더 없이 큰 모습이다.
* 산이 위에서 아래에 있는 하늘이 위로 올라오지 못하도록 누르고 있다!

'大畜대축'은 '크게[大] 비축한다[畜]'는 뜻이다. 그런데 '축'에는 '모아서 쌓음[畜聚축취]', '그침 또는 머뭄[畜止축지]', '기름[畜養축양]' 등의 뜻이 있다. 위의 괘상을 보도록 하자. 그러면 '山-天-大畜'이다. 곧 산이 위에 있으면서 아래로부터 위로 올라오려는 하늘의 형상을 저지하는 모습이다. 동시에 하늘의 기운이 위에 있는 산에 가로막혀서 더 이상 올라가지 못하고 천기가 산속에 축적되어 있는 모습이다. 원래 山을 뜻하는 艮[☶]은 '머물러-나아가지-아니하다[止也]'라는 뜻이다. 그러니 산이 위에서 하늘[☰]로 하여금 머물러 나아가지 못하게 하니 하늘의 기운이 크게 쌓인다. 그래서 '大 畜'이다. 거짓됨이 없으면 진실하기 때문에 기르고 축적할 수 있다. 그래서 '무망괘' 다음에 '대축괘'로 받았다.

27 頤이 | NOURISHMENT

山雷頤 산뢰이

㉗ ䷚

<small>물 축 연 후　　가 양</small>
物畜然後　可養

<small>고　　수 지 이 이</small>
故　受之以頤

<small>이 자　　양 야</small>
頤者　養也

만물이 쌓인 뒤에야 기를 수 있다.
그러므로 이괘로써 그것을 받았다.
이란 기르는 것이다.

만물이 쌓인 뒤에야 기를 수 있다.
그러므로 이괘로써 그것을 받았다.
이란 기르는 것이다.

톺아보기

1 物물 만물萬物. 이 세상에 있는 모든 것.

2 畜축 쌓이다.

~3 然後연후 ~한 뒤에야.

5 可가~ ~할 수 있다.

4,13 養양 기르다.

9 之지 그것. 여기서는 대축괘.

7,11 頤이 괘이름.

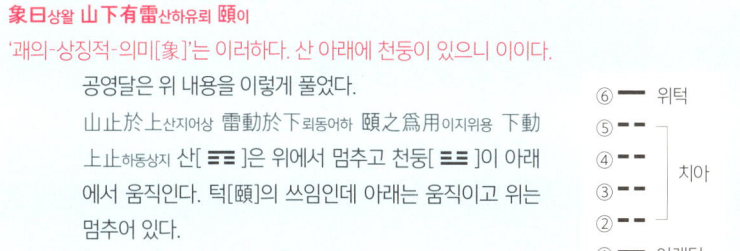

象曰상왈 山下有雷산하유뢰 頤이
'괘의-상징적-의미[象]'는 이러하다. 산 아래에 천둥이 있으니 이이다.

공영달은 위 내용을 이렇게 풀었다.
山止於上산지어상 雷動於下뢰동어하 頤之爲用이지위용 下動上止하동상지 산[☶]은 위에서 멈추고 천둥[☳]이 아래에서 움직인다. 턱[頤]의 쓰임인데 아래는 움직이고 위는 멈추어 있다.
* 입으로 음식물을 씹는 모습이다!

'頤이'는 음식물을 주어 남을 구제하는 모습이다. '頤'는 원래 위턱과 아래턱을 말하지만, '기르다', '봉양하다', '대접하다'라는 뜻도 있다. 어떤 것이든 축적하였다면 그 다음에 그것을 배양시켜야 한다. 그러므로 '대축괘' 다음에 '이괘'로 받았다.

~12 者자 …14 也야 ~란 …이다.

27 28

山雷頤 산뢰이　　澤風大過 택풍대과

☞ 27번괘와 28번괘는 하나의 순서쌍 pairing을 이루면서 둘 사이에는 착괘의 관계가 있다.

☞ 錯卦착괘란 괘에서 음[--]과 양[—]의 기호의 변환을 말하는 것으로 각각 효의 기호가 '음[--]이면 양[—]으로', '양[—]이면 음[--]으로' 바뀌는 것이다.

28 大過 대과 | EXCESS

28

兌태　　　澤택

巽손　　　風풍

澤風大過 택풍대과

28

不養則不可動
불 양 즉 불 가 동

故　受之以大過
고　수 지 이 대 과

기르지 않으면 곧 움직이지 못한다.
그러므로 대과괘로써 그것을 받았다.

| 번 | 역 | 순 | 서 |

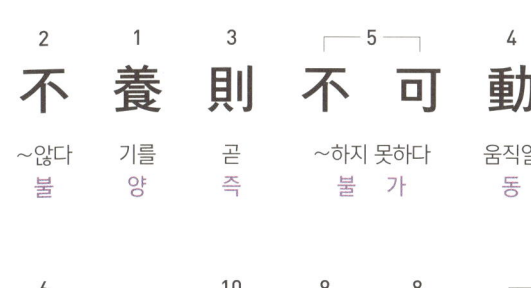

기르지 않으면 곧 움직이지 못한다.
그러므로 대과괘로써 그것을 받았다.

| 돝 | 아 | 보 | 기 |

² 不불~³ 則즉…   ~아니면 곧….

~⁵ 不可불가   ~하지 못하다.

⁹ 之지   그것. 여기서는 이괘.

⁷ 大過대과   괘이름.

象曰상왈 **澤滅木**택멸목 **大過**대과
'괘의-상징적-의미[象]'는 이러하다. 연못이 나무를 없애 버리니 대과이다.

  정이는 위 내용을 이렇게 풀었다.
  澤在木上택재목상 滅木也멸목야 澤者潤養於木택자윤양어목 乃至滅沒於木내지멸몰어목 爲大過之義위대과지의 연못이 나무 위에 있어서 나무를 없애 버린다. 연못이란 나무를 촉촉하게 적셔 길러주는 것인데 곧 나무가 사라져 없어짐에 이르렀으니 크게 과도함의 뜻이 된다.
  * 연못물에 나무가 잠겼다!

  '大過대과'는 '크게 지나쳤다' 또는 '지나침이 크다'와 같이 어느 것으로 해석해도 무방하다. 결국 이는 적정선을 넘어선 모습이다. '대과괘'의 괘상은 위에 연못[☱·澤]이 있고, 아래에 바람[☴·風]이 배치되어 있다. 그런데 아래 바람은 8괘 이론에 따르면, 바람은 나무가 된다[巽爲木]. 따라서 '대과괘'인 경우에 아래 바람[風]은 나무[木]로 해석해야 한다. 자세한 내용은 『설괘전』(책인숲, 2015: 169-171)을 참고해도 좋다. 어떤 것을 배양한 뒤에 자칫하면 그것이 지나치게 성장할 수도 있다. 그래서 '이괘' 다음에 '대과괘'로 받았다.

29　坎감 | ABYSS

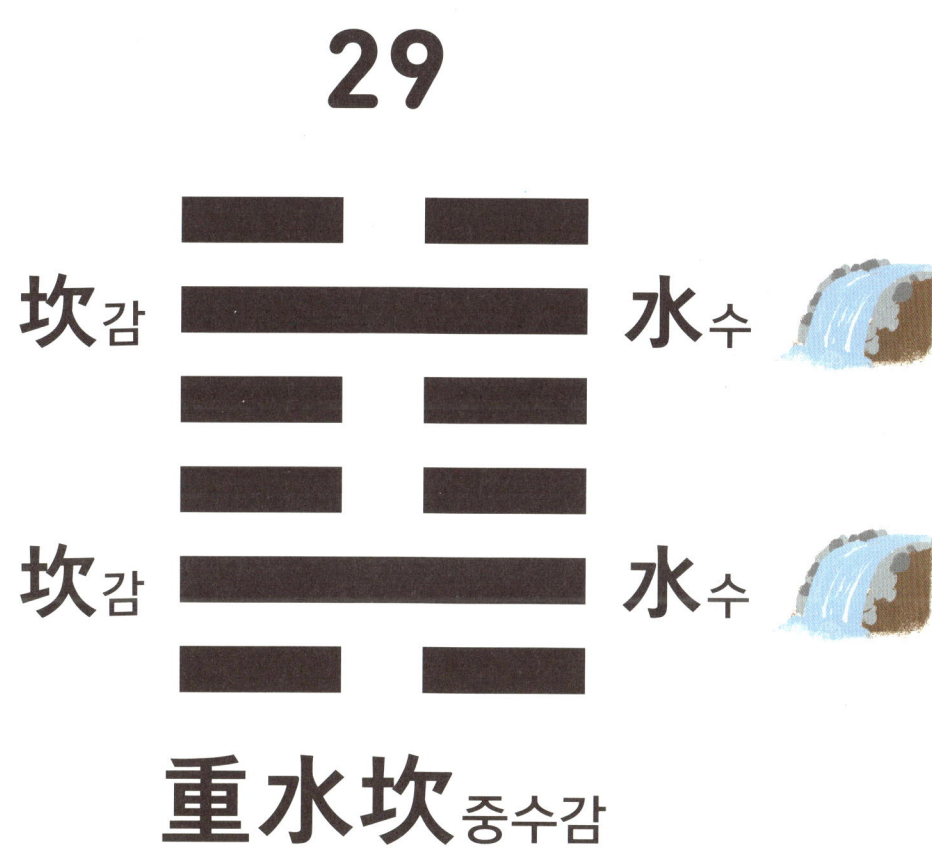

29

물 불 가 이 종 과
物不可以終過

고 수 지 이 감
故 受之以坎

감 자 함 야
坎者 陷也

만물은 결국 지나칠 수 없다.
그러므로 감괘로써 그것을 받았다. 감이란 빠짐이다.

번역순서

```
  1         ——— 4 ———      2      3
  物    不    可    以    終    過
 만물      ~할 수 없다      결국   지나칠
  물     불    가    이     종     과

  5         9     8     7      6
  故        受    之    以     坎
그러므로    받을  그것  ~로써  괘이름
  고        수    지    이     감
```

- 빠지다.
- 험난하다.
- 위험하다.

```
 10   11         12   13
 坎    者         陷    也
괘이름 ~란        빠질  ~이다
  감    자         함    야
```

만물은 결국 지나칠 수 없다.
그러므로 감괘로써 그것을 받았다.
감이란 빠짐이다.

상경

155

| 톺 | 아 | 보 | 기 |

¹ **物**물　만물萬物. 이 세상에 있는 모든 것.

⁴ **不可以**불가이~　~할 수 없다.

² **終**종　결국, 마침내.

³ **過**과　지나치다.

⁸ **之**지　그것. 여기서는 대과괘.

^{6,10} **坎**감　괘이름.

> **象曰**상왈 **水洊至**수천지 **習坎**습감
> '괘의-상징적-의미[象]'는 이러하다. 물이 사방에서 모여드니 습감習坎물의 쌓임이다.
> 　　정이는 위 내용을 이렇게 풀었다.
> 　　坎爲水감위수 水流仍洊而至수류잉천이지 兩坎相習양감상습 水流仍洊之象也수류잉천지상야 감은 물이 되니 물이 흘러 거듭 와 닿는다. 두 물이 서로 모이니 물이 흘러 거듭 와 닿는 모습이다.
> 　　* 물이 모이고 또 모인다!

'習坎습감'에서 '坎'은 '물'을 뜻하고, '습'은 '쌓다', '쌓이다'라는 뜻이다. 산 너머 산이라는 말이 있다면 '습감'은 '물 너머 물'이라는 것이다. 또한 '감'에는 물이라는 뜻도 있지만, '물에 빠지다', '함정[구덩이]에 빠지다', '험난하다'라는 의미도 있다. 과도함이 지나치면 곤경에 빠진다. 그래서 '대과괘' 다음에 '감괘'로 받았다.

~¹¹ 者자 **…¹³ 也**야　~란 …이다.

¹² **陷**함　빠지다.

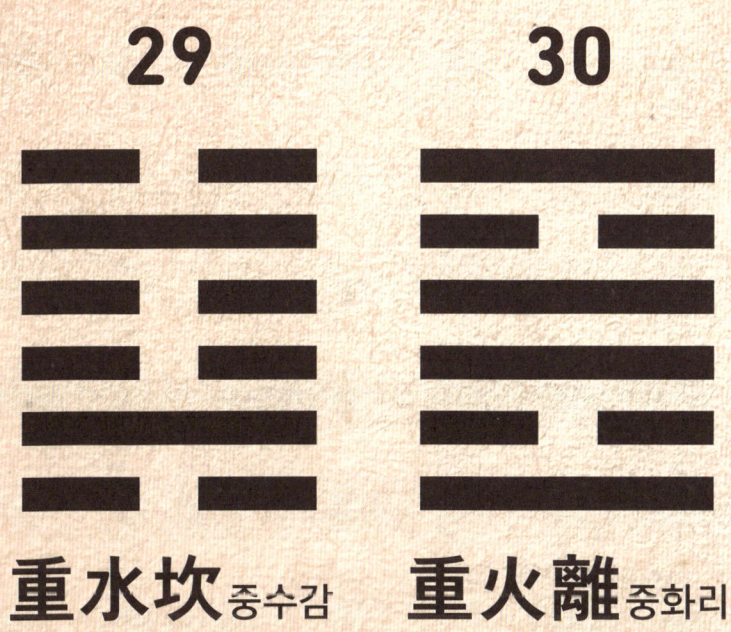

29　　　30
重水坎 중수감　　重火離 중화리

☞ 29번괘와 30번괘는 하나의 순서쌍 pairing을 이루면서 둘 사이에는 착괘의 관계가 있다.

☞ 錯卦란 괘에서 음[--]과 양[—]의 기호의 변환을 말하는 것으로 각각 효의 기호가 '음[--]이면 양[—]으로', '양[—]이면 음[--]으로' 바뀌는 것이다.

30 離리 | CLINGING FLAME

30

離리　　　　　火화

離리　　　　　火화

重火離중화리

㉚ ䷝

함 필 유 소 려
陷必有所麗

고　수 지 이 리
故　受之以離

리 자　려 야
離者　麗也

빠지면 붙는 바가 있다.

그러므로 이괘로써 그것을 받았다. 이란 붙는 것이다.

| 번 | 역 | 순 | 서 |

1	2	5	4	3
陷	必	有	所	麗
빠질	~하면	있을	바	붙을
함	필	유	소	려

6	10	9	8	7
故	受	之	以	離
그러므로	받을	그것	~로써	괘이름
고	수	지	이	리

- 붙다, 부착하다.
- 합치다.
- 태양, 불

11	12		13	14
離	者		麗	也
괘이름	~란		붙을	~이다
리	자		려	야

빠지면 붙는 바가 있다.
그러므로 이괘로써 그것을 받았다.
이란 붙는 것이다.

| 돌 | 아 | 보 | 기 |

1 陷함 빠지다.

~2 必필 ~하면.

3,13 麗려 붙다.

9 之지 그것. 여기서는 감괘.

7,11 離리 괘이름.

> **象曰상왈 明兩作명량작 離리**
> '괘의-상징적-의미[象]'는 이러하다. [위와 아래] 태양이 둘로 이루니 리이다.
> 　　　　공영달은 위 내용을 이렇게 풀었다.
> 　　　　離爲 日리위일 日爲明일위명 離리도 해가 되고 日일도 해가 된다.
> 　　　　* 두 개의 태양이 함께 떠 있다!

> '離리'에는 '불'과 '해'라는 뜻도 있으면서 '붙다[麗]', '부착하다[附]'라는 뜻도 있다. 사람이 물에 빠지면 반드시 어떤 물건이라도 붙잡아야만 위험을 탈출할 수 있다. 그러므로 '감괘' 다음에 '이괘'로 받았다.

~12 者자 …14 也야 ~란 …이다.

하경

下經 | ☯ 인사 人事를 다룬다.

31. 택산함	澤山咸	
32. 뇌풍항	雷風恒	
33. 천산돈	天山遯	
34. 뇌천대장	雷天大壯	
35. 화지진	火地晉	
36. 지화명이	地火明夷	
37. 풍화가인	風火家人	
38. 화택규	火澤睽	
39. 수산건	水山蹇	
40. 뇌수해	雷水解	
41. 산택손	山澤損	
42. 풍뢰익	風雷益	
43. 택천쾌	澤天夬	
44. 천풍구	天風姤	
45. 택지췌	澤地萃	
46. 지풍승	地風升	
47. 택수곤	澤水困	
48. 수풍정	水風井	
49. 택화혁	澤火革	
50. 화풍정	火風鼎	
51. 중뢰진	重雷震	
52. 중산간	重山艮	
53. 풍산점	風山漸	
54. 뇌택귀매	雷澤歸妹	
55. 뇌화풍	雷火豊	
56. 와산려	火山旅	
57. 중풍손	重風巽	
58. 중택태	重澤兌	
59. 풍수환	風水渙	
60. 수택절	水澤節	
61. 풍택중부	風澤中孚	
62. 뇌산소과	雷山小過	
63. 수화기제	水火旣濟	
64. 화수미제	火水未濟	

31 | 咸 함 | MUTUAL ATTRACTION

31

兌 태 　　　　　澤 택

艮 간 　　　　　山 산

澤山咸 택산함

31 ䷞

<ruby>有<rt>유</rt></ruby> <ruby>天<rt>천</rt></ruby> <ruby>地<rt>지</rt></ruby> <ruby>然<rt>연</rt></ruby> <ruby>後<rt>후</rt></ruby>　<ruby>有<rt>유</rt></ruby> <ruby>萬<rt>만</rt></ruby> <ruby>物<rt>물</rt></ruby>

<ruby>有<rt>유</rt></ruby> <ruby>萬<rt>만</rt></ruby> <ruby>物<rt>물</rt></ruby> <ruby>然<rt>연</rt></ruby> <ruby>後<rt>후</rt></ruby>　<ruby>有<rt>유</rt></ruby> <ruby>男<rt>남</rt></ruby> <ruby>女<rt>녀</rt></ruby>

<ruby>有<rt>유</rt></ruby> <ruby>男<rt>남</rt></ruby> <ruby>女<rt>녀</rt></ruby> <ruby>然<rt>연</rt></ruby> <ruby>後<rt>후</rt></ruby>　<ruby>有<rt>유</rt></ruby> <ruby>夫<rt>부</rt></ruby> <ruby>婦<rt>부</rt></ruby>

<ruby>有<rt>유</rt></ruby> <ruby>夫<rt>부</rt></ruby> <ruby>婦<rt>부</rt></ruby> <ruby>然<rt>연</rt></ruby> <ruby>後<rt>후</rt></ruby>　<ruby>有<rt>유</rt></ruby> <ruby>父<rt>부</rt></ruby> <ruby>子<rt>자</rt></ruby>

<ruby>有<rt>유</rt></ruby> <ruby>父<rt>부</rt></ruby> <ruby>子<rt>자</rt></ruby> <ruby>然<rt>연</rt></ruby> <ruby>後<rt>후</rt></ruby>　<ruby>有<rt>유</rt></ruby> <ruby>君<rt>군</rt></ruby> <ruby>臣<rt>신</rt></ruby>

<ruby>有<rt>유</rt></ruby> <ruby>君<rt>군</rt></ruby> <ruby>臣<rt>신</rt></ruby> <ruby>然<rt>연</rt></ruby> <ruby>後<rt>후</rt></ruby>　<ruby>有<rt>유</rt></ruby> <ruby>上<rt>상</rt></ruby> <ruby>下<rt>하</rt></ruby>

<ruby>有<rt>유</rt></ruby> <ruby>上<rt>상</rt></ruby> <ruby>下<rt>하</rt></ruby> <ruby>然<rt>연</rt></ruby> <ruby>後<rt>후</rt></ruby>　<ruby>禮<rt>예</rt></ruby> <ruby>義<rt>의</rt></ruby> <ruby>有<rt>유</rt></ruby> <ruby>所<rt>소</rt></ruby> <ruby>錯<rt>조</rt></ruby>

천지가 있은 뒤에야 만물이 있고, 만물이 있은 뒤에야 남녀가 있고, 남녀가 있은 뒤에야 부부가 있고, 부부가 있은 뒤에야 부자가 있고, 부자가 있은 뒤에야 군신이 있으며, 군신이 있은 뒤에야 상하가 있고, 상하가 있은 뒤에야 예의를 행하는 바가 있다.

| 번역 | 순 | 서 |

2 有 1 天 地 3 然 後 　 5 有 4 萬 物
있을 하늘 땅 ~한 뒤에야 　 있을 수의많음을나타내는말 만물
유 천 지 연 후 　 유 만 물

7 有 6 萬 物 8 然 後 　 10 有 9 男 女
있을 수의많음을나타내는말 만물 ~한 뒤에야 　 있을 남자 여자
유 만 물 연 후 　 유 남 녀

12 有 11 男 女 13 然 後 　 15 有 14 夫 婦
있을 남자 여자 ~한 뒤에야 　 있을 남편 아내
유 남 녀 연 후 　 유 부 부

17 有 16 夫 婦 18 然 後 　 20 有 19 父 子
있을 남편 아내 ~한 뒤에야 　 있을 아버지 아들
유 부 부 연 후 　 유 부 자

22 有 21 父 子 23 然 後 　 25 有 24 君 臣
있을 아버지 아들 ~한 뒤에야 　 있을 임금 신하
유 부 자 연 후 　 유 군 신

27	26	26	28	28	30	29	29
有	君	臣	然	後	有	上	下
있을	임금	신하	~한 뒤에야		있을	윗사람	아랫사람
유	군	신	연 후		유	상	하

32	31	31	33	33	34	34	37	36	35
有	上	下	然	後	禮	義	有	所	錯
있을	윗사람	아랫사람	~한 뒤에야		예도	의리	있을	바	행할
유	상	하	연 후		예	의	유	소	조

천지가 있은 뒤에야 만물이 있고,
만물이 있은 뒤에야 남녀가 있고,
남녀가 있은 뒤에야 부부가 있고,
부부가 있은 뒤에야 부자가 있고,
부자가 있은 뒤에야 군신이 있으며,
군신이 있은 뒤에야 상하가 있고,
상하가 있은 뒤에야 예의를 행하는 바가 있다.

톺아보기

1 天地천지   자연계나 인간사회를 가리킴.

~ 3,8,13,18,23,28,33 然後연후   ~한 뒤에야.

4,6 萬物만물   이 세상에 있는 모든 것.

9,11 男女남녀   남자와 여자.

14,16	**夫婦**부부	남편과 아내.
19,21	**父子**부자	아버지와 아들.
24,26	**君臣**군신	임금과 신하.
29,31	**上下**상하	윗사람과 아랫사람.
34	**禮義**예의	예의와 의리.
	咸함	31번괘.

> **象曰**상왈 **山上有澤**산상유택 **咸**함
> '괘의-상징적-의미[象]'는 이러하다. 산 위에 연못이 있으니 함이다.
>
> 공영달은 위 내용을 이렇게 풀었다.
> **澤性下流**택성하류 **能潤於下**능윤어하 **山體上承**산체상승 **能受其潤**능수기윤 **以山感澤**이산감택 **所以爲咸**소이위함 연못의 본성은 아래로 흘러서 아래를 윤택하게 할 수 있다. 산의 본성은 위를 받들어서 그 은택을 받을 수 있다. 산으로서 연못에게 고맙게 여김은 함이 되는 이유이다.
> * 연못이 산에게 은택을 주고 산은 연못을 받든다!

지금부터 『周易』「下經」이 시작된다. 하늘과 땅을 근본으로 한 뒤, 음양의 결합 중에서 가장 대표적인 것은 남녀의 결합이다. 이것이 人倫의 출발이다. 남녀의 결합으로 가정이 생기고, 그 결과로 자식이 태어난다. 가정을 확대하면 사회가 되고, 사회를 확대하면 국가가 된다. 위 본문은 이런 내용을 담고 있다. 위 본문 중에는 '咸함'을 드러내 놓고 말하고 있지 않지만 위 내용은 음양이 교감하는 모습을 상징적으로 보여준다. 그래서 '함괘'라 한다. '咸함'에는 '모두', '마음이 화합하다', '감응하다'라는 뜻이 있는데, 여기서 '남녀가 교감한다'라는 뜻으로까지 확대된다.

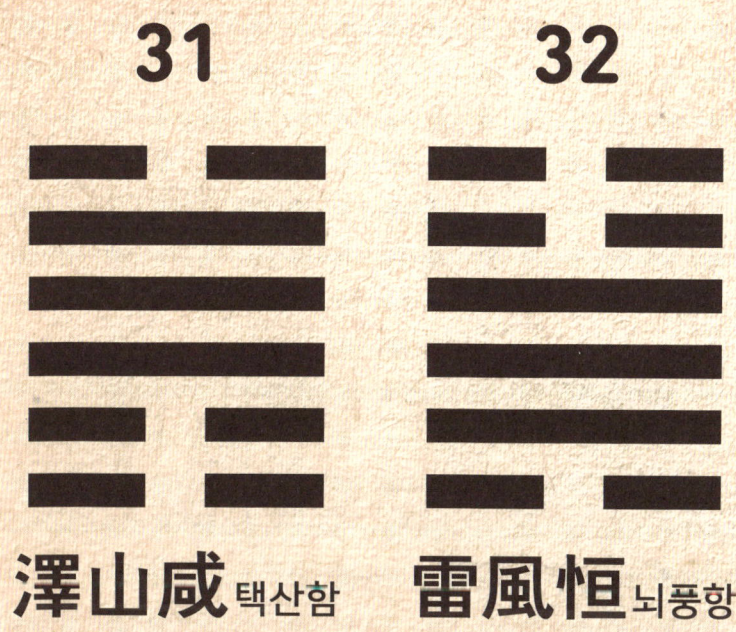

☞ 31번괘와 32번괘는 하나의 순서쌍pairing을 이루면서 둘 사이에는 종괘의 관계가 있다.

☞ 綜卦종괘란 하나의 괘를 180° 회전시켜 상하를 완전히 뒤집어 놓은 것이다.

| 32 | 恒항 | DURATION

32

震진　　　　雷뢰

巽손　　　　風풍

雷風恒뇌풍항

㉜

<small>부 부 지 도 불 가 이 불 구 야</small>
夫婦之道不可以不久也

<small>고　　수　지　이　항</small>
故　受之以恒

<small>항　자　　구　야</small>
恒者　久也

부부의 도리는 오래가지 아니할 수 없다.
그러므로 항괘로써 그것을 받았다.
항이란 오래 견디는 것이다.

| 번 | 역 | 순 | 서 |

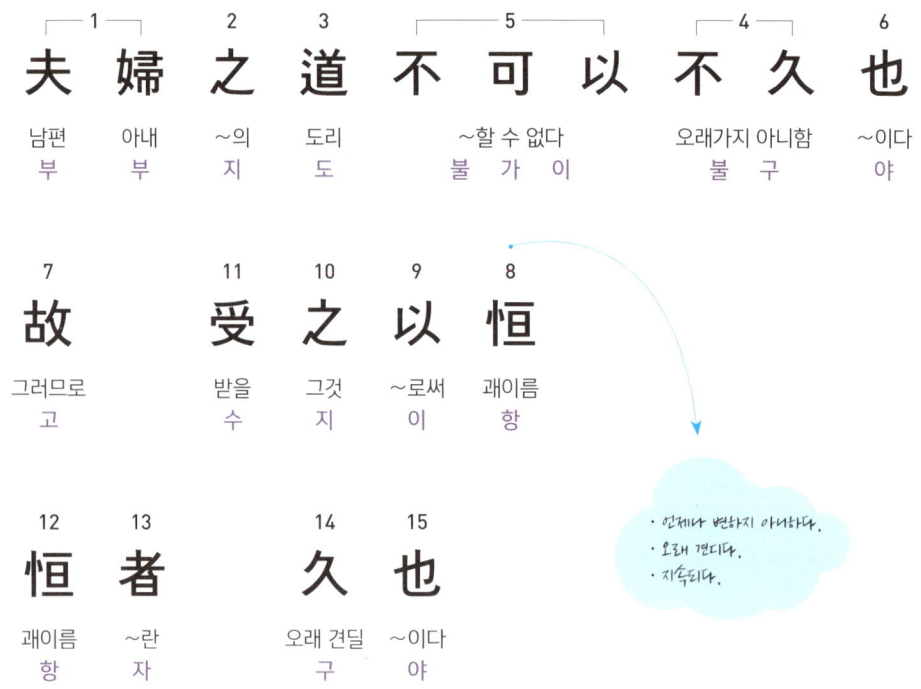

부부의 도리는 오래가지 아니할 수 없다.
그러므로 항괘로써 그것을 받았다.
항이란 오래 견디는 것이다.

톺아보기

1 夫婦부부 남편과 아내

5 不可以불가이~ ~할 수 없다.

4 不久불구 오래가지 아니함.

10 之지 그것. 여기서는 함괘.

8,12 恒항 괘이름.

> **象曰**상왈 **雷風**뢰풍 **恒**항
> '괘의-상징적-의미[象]'는 이러하다. 천둥과 바람이 항이다.
>
> 정이는 위 내용을 이렇게 풀었다.
> 雷風相與뢰풍상여 雷震則風發뢰진즉풍발 二者相須이자상수 交助其勢교조기세 故云相與고운상여 乃其常也내기상야 천둥과 바람이 서로 함께 한다. 천둥이 진동하면 바람이 일어나 둘이 서로 의지한다. 교대로 그 세력을 돕는다. 그러므로 서로 함께 한다고 말한다. 이렇게 그것이 불변의 도다.
> * 천둥치고 바람 부는데 늘 함께 한다!

> '恒항'은 '항상', '늘', '언제나'라는 뜻으로 '언제나 변하지 아니하다'라는 뜻으로까지 확장된다. 부부의 관계가 그래야함을 말한다. 그래서 남녀의 교감인 '함괘' 다음에 부부가 지향해야 하는 도리를 말하는 '항괘'로 받았다.

14 久구 오래 견디다. 오래 되다. 장구하다.

~13 者자 ···**15 也**야 ~란 ···이다.

33 遯 돈 | WITHDRAWAL

乾 건　　　　　天 천
艮 간　　　　　山 산

天山遯 천산돈

㉝ ䷠

^{물 불 가 이 구 거 기 소}
物不可以久居其所

^{고 수 지 이 돈}
故 受之以遯

^{돈 자 퇴 야}
遯者 退也

만물은 그 곳에 오랫동안 있을 수 없다.

그러므로 돈괘로써 그것을 받았다.

돈이란 물러나는 것이다.

| 번 | 역 | 순 | 서 |

만물은 그 곳에 오랫동안 있을 수 없다.
그러므로 돈괘로써 그것을 받았다.
돈이란 물러나는 것이다.

톺아보기

1 物물   만물萬物. 이 세상에 있는 모든 것.

6 不可以불가이~   ~할 수 없다.

4 久구   오랫동안.

10 之지   그것. 여기서는 항괘.

8,12 遯돈   괘이름.

> **象曰상왈 天下有山천하유산 遯돈**
> '괘의-상징적-의미[象]'는 이러하다. 하늘 아래 산이 있으니 돈이다.
> 　　정이는 위 내용을 이렇게 풀었다.
> 　　天下有山천하유산 山下起而乃止산하기이내지 天上進而相違천상진이상위 是遯避之象
> 也시돈피지상야 하늘 아래에 산이 있으니 산은 아래로 간 다음에 머무르고 하늘은 위
> 로 올라가니 서로 어긋난다. 이것이 달아나고 피하는 모습이다.
> 　　* 산은 아래로 하늘은 위로 서로 피한다!

> '遯돈'은 '달아나다[逃也]', '피하다[避也]', '물러나다[退也]'라는 뜻이다. 遯돈
> 이란 『설문해자』에서는 "도망간다[遯 逃也]"라고 푼다. 여기서 '遯돈'에 '도피'
> 와 '은퇴'의 의미가 생겨났다. 어떤 것도 한 자리에 오래도록 있을 수 없다. 그것
> 도 언젠가는 떠나게 되어 있다. 그러므로 '항괘' 다음에 '돈괘'로 받았다.

~13 者자 …15 也야   ~란 …이다.

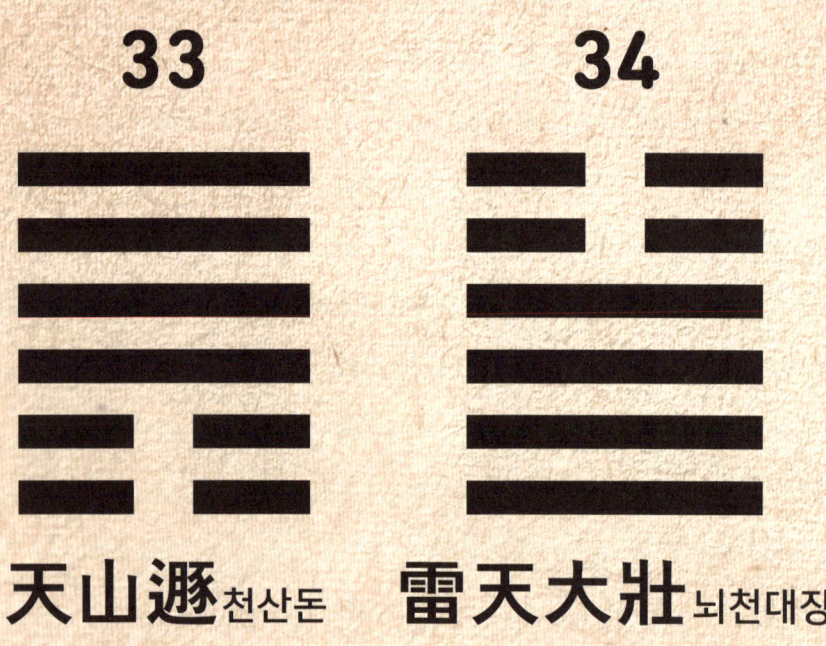

☞ 33번괘와 34번괘는 하나의 순서쌍pairing을 이루면서 둘 사이에는 종괘의 관계가 있다.

☞ 綜卦종괘란 하나의 괘를 180° 회전시켜 상하를 완전히 뒤집어 놓은 것이다.

34 大壯 대장 | STRONGNESS

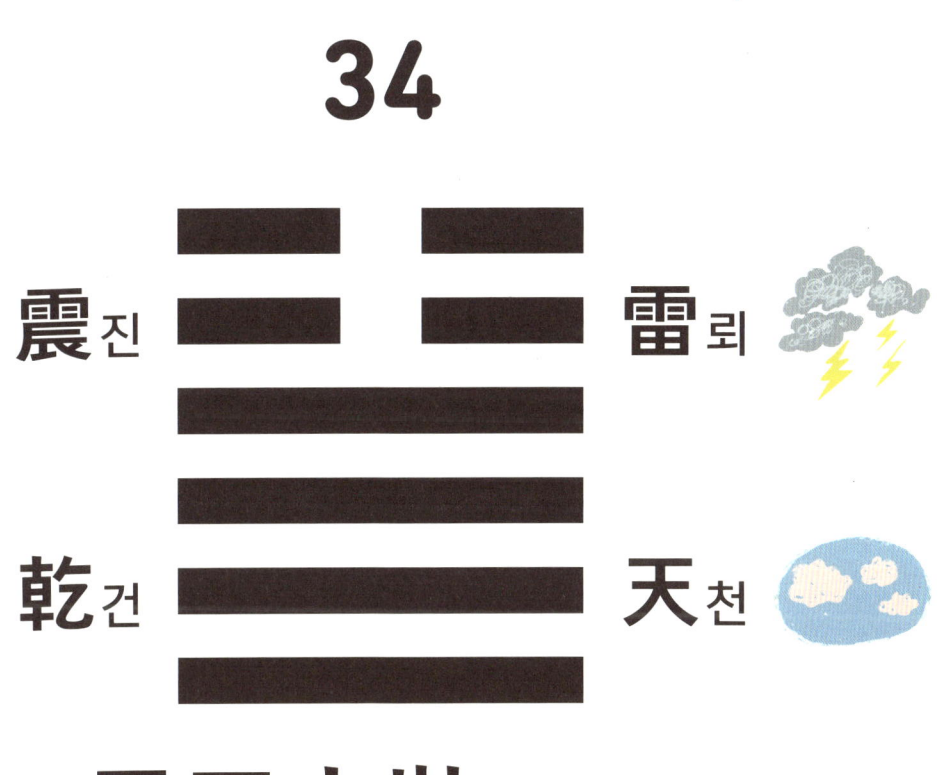

雷天大壯 뇌천대장

㉞ ䷡

물 불 가 이 종 돈
物不可以終遯

고　수 지 이 대 장
故　受之以大壯

만물은 결국 물러날 수 없다.
그러므로 대장괘로써 그것을 받았다.

번역순서

만물은 결국 물러날 수 없다.
그러므로 대장괘로써 그것을 받았다.

돋아보기

1 **物물** 만물萬物. 이 세상에 있는 모든 것.

4 **不可以불가이~** ~할 수 없다.

2 **終종** 결국, 마침내.

3 **遯돈** 물러나다.

⁸ **之**지   그것. 여기서는 돈괘.

⁶ **大壯**대장   괘이름.

> **象曰**상왈 **雷在天上**뢰재천상 **大壯**대장
> '괘의-상징적-의미[象]'는 이러하다. 천둥이 하늘 위에 있으니 대장이다.
>
> 공영달은 위 내용을 이렇게 풀었다.
> **震雷爲威動**진뢰위위동 **乾天主剛健**건천주강건 **雷在天上**뢰재천상 **是剛以動**시강이동 **所以爲大壯**소이위대장 진震의 천둥은 위엄이 있는 움직임이 되고, 건乾의 하늘은 양의 굳건함을 주관한다. 천둥이 하늘 위에 있으니, 이 양이 움직임으로써 대장이 되는 이유이다.
>
> * 천둥이 하늘 위에 있으니 기세가 등등하다!

'大壯대장'이란 '매우[大]-씩씩하다[壯]'는 뜻이다. 양의 기운이 바야흐로 왕성해지는 모습이다. 은둔을 했으면 언젠가는 굳세게 나아가야 하는 법이다. 그래서 '둔괘' 다음에 '대장괘'로 받았다.

⑥ ▬ ▬ 음
⑤ ▬ ▬ 음
④ ▬▬▬ 양
③ ▬▬▬ 양
② ▬▬▬ 양
① ▬▬▬ 양

양의 기운이 아래에서
위로 기세등등
올라가고 있다!

35 晉 진 | PROGRESS

離리　火화

坤곤　地지

火地晉 화지진

㉟ ䷢

物不可以終壯
물 불 가 이 종 장

故 受之以晉
고 수 지 이 진

晉者 進也
진 자 진 야

만물은 결국 성할 수 없다.
그러므로 진괘로써 그것을 받았다.
진이란 나아가는 것이다.

번역순서

1	4		2	3
物	不 可 以		終	壯
만물	~할 수 없다		결국	성할
물	불 가 이		종	장

5	9	8	7	6
故	受	之	以	晉
그러므로	받을	그것	~로써	괘이름
고	수	지	이	진

- 나아가다.
- 진보하다.
- 진행하다.

10	11		12	13
晉	者		進	也
괘이름	~란		나아갈	~이다
진	자		진	야

만물은 결국 성할 수 없다.
그러므로 진괘로써 그것을 받았다.
진이란 나아가는 것이다.

톺아보기

1 物물 만물萬物. 이 세상에 있는 모든 것.

4 不可以불가이~ ~할 수 없다.

2 終종 결국, 마침내.

3 壯장 성盛하다.

8 之지 그것. 여기서는 대장괘.

6,10 晉진 괘이름.

> 象曰상왈 明出地上명출지상 晉진
> '괘의-상징적-의미[象]'는 이러하다. 태양이 땅 위로 나오니 진이다.
>   왕부지는 위 내용을 이렇게 풀었다.
>   物咸受照물함수조 然日之升也연일지승야 만물이 모두 햇빛을 받는다. 곧 태양의 떠오름이다.
>   * 지평선 위에 태양이 떠오른다!

태양이 地上지상에 떠올라 光明광명이 온 대지에 비추는 모습이 '晉진'이다. 이때 '晉'은 '나아간다[進也]'는 뜻이다. 강성해졌으니 이제는 앞으로 나아가야 한다. 그러므로 '대장괘' 다음에 '진괘'로 받았다.

~11 者자 …13 也야 ~란 …이다.

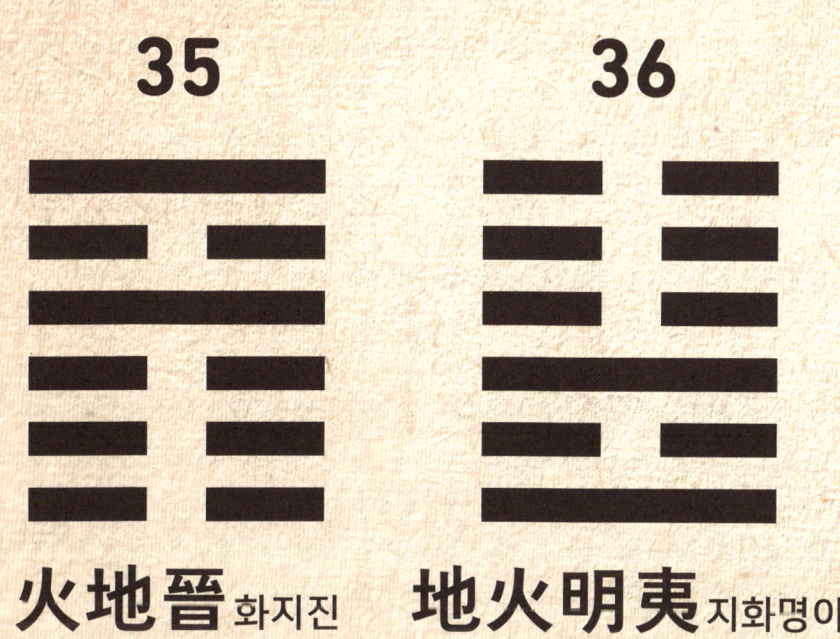

35　　　　　　　36

火地晉 화지진　　地火明夷 지화명이

☞ 35번괘와 36번괘는 하나의 순서쌍pairing을 이루면서 둘 사이에는 종괘의 관계가 있다.

☞ 綜卦종괘란 하나의 괘를 180° 회전시켜 상하를 완전히 뒤집어 놓은 것이다.

36 明夷 명이 | SINKING SUN

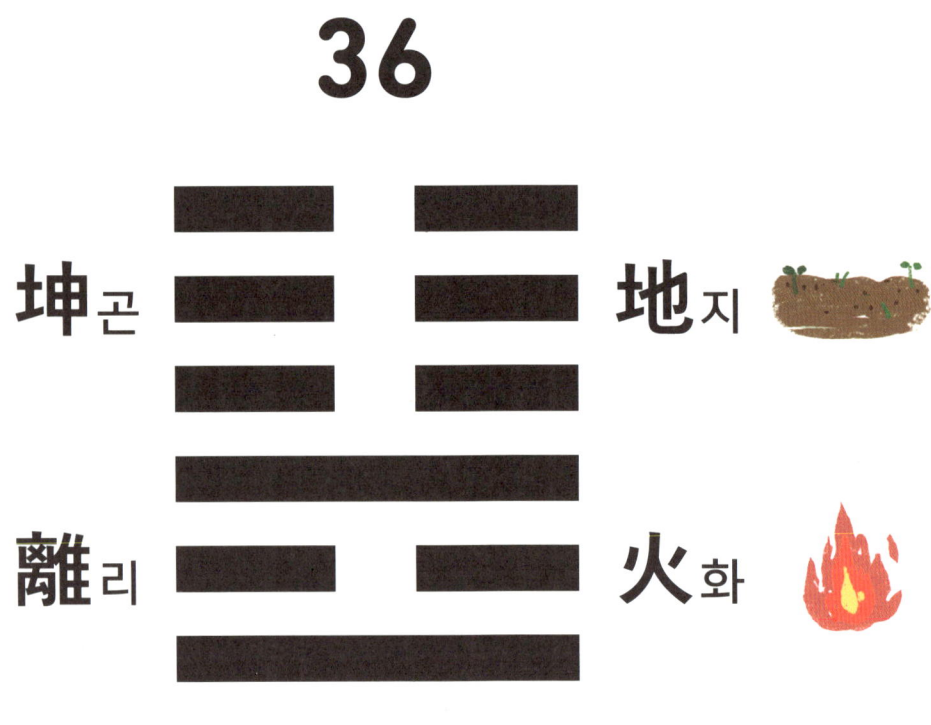

地火明夷 지화명이

㊱ ䷣

진 필 유 소 상
進必有所傷

고　　수 지 이 명 이
故　受之以明夷

이 자　　상 야
夷者　傷也

나아가니 반드시 상하는 바가 있다.
그러므로 명이괘로써 그것을 받았다.
이란 상하는 것이다.

| 번 | 역 | 순 | 서 |

1 進 나아갈 진
2 必 반드시 필
5 有 있을 유
4 所 바 소
3 傷 상할 상

6 故 그러므로 고
10 受 받을 수
9 之 그것 지
8 以 ~로써 이
7 明夷 괘이름 명이

11 夷 괘이름 이
12 者 ~란 자
13 傷 상할 상
14 也 ~이다 야

- 태양이 땅 속으로 들어가다.
- 해가 떨어지다.
- 해가 가라앉다.

나아가니 반드시 상하는 바가 있다.
그러므로 명이괘로써 그것을 받았다.
이란 상하는 것이다.

돋아보기

9 之지   그것. 여기서는 진괘.

7 明夷명이   괘이름.

> **象日상왈 明入地中명입지중 明夷명이**
> '괘의-상징적-의미[象]'는 이러하다. 태양이 땅 속으로 들어가니 명이이다.
>   정이는 위 내용을 이렇게 풀었다.
>   日入於地中일입어지중 明傷而昏暗也명상이혼암야 故爲明夷고위명이 태양이 땅 속으로 들어가 태양이 지니 어두움이다. 그러므로 해가 떨어짐이 된다.
>   * 태양이 땅속으로 지니 사방이 어둡다!

> '明夷명이'에서 '明'은 '밝은 것'인데, 곧 태양을 말한다. 반면 '夷'는 여기서 '상하다', '다치다', '쇠락하다'라는 뜻이다. 따라서 '명이'란 '태양[明]'이-'해를-입은-상태[夷]', 즉 '해[明]'가-'떨어짐[夷]'을 의미한다. 어떤 것이 계속 나아가다 보면 언젠가는 그것이 상하게 된다. 그래서 '대장괘' 다음에 '명이괘'로 받았다.

11 夷이   괘이름.

~12 者자 …14 也야   ~란 …이다.

37 家人 가인 | FAMILY

巽손　　　　　**風**풍

離리　　　　　**火**화

風火家人 풍화가인

�37

<ruby>傷<rt>상</rt></ruby><ruby>於<rt>어</rt></ruby><ruby>外<rt>외</rt></ruby><ruby>者<rt>자</rt></ruby><ruby>必<rt>필</rt></ruby><ruby>反<rt>반</rt></ruby><ruby>其<rt>기</rt></ruby><ruby>家<rt>가</rt></ruby>

<ruby>故<rt>고</rt></ruby>　<ruby>受<rt>수</rt></ruby><ruby>之<rt>지</rt></ruby><ruby>以<rt>이</rt></ruby><ruby>家<rt>가</rt></ruby><ruby>人<rt>인</rt></ruby>

밖에서 다친 사람은 반드시 그 집으로 되돌아간다.
그러므로 가인괘로써 그것을 받았다.

번역순서

3	2	1	4	5	8	6	7
傷	於	外	者	必	反	其	家
다칠	~에서	밖	사람	반드시	되돌아갈	그	집
상	어	외	자	필	반	기	가

9		13	12	11	10	
故		受	之	以	家	人
그러므로		받을	그것	~로써	괘이름	
고		수	지	이	가 인	

- 가족
- 집안 사람

밖에서 다친 사람은 반드시 그 집으로 되돌아간다.
그러므로 가인괘로써 그것을 받았다.

톺아보기

3 傷상   다치다.

4 者자   사람.

8 反반   되돌아가다.

12 之지   그것. 여기서는 명이괘.

10 家人가인

괘이름.

象曰상왈 **風自火出**풍자화출 **家人**가인
'괘의-상징적-의미[象]'는 이러하다. 바람이 불에서 나오니 가인이다.

정이는 위 내용을 이렇게 풀었다.

爲風自火出위풍자화출 火熾則風生화치즉풍생 風生自火풍생자화 自內而出也자내이출야 自內而出자내이출 由家而及於外之象유가이급어외지상 바람이 불에서 나오는 모습이다. 불이 세차게 타오르면 바람이 저절로 생긴다. 바람이 불로부터 생기는 것은 안으로부터 나오는 것이다. 안으로부터 나오는 것은 집으로부터 밖으로 미치는 모습이다.

* 불이 타오르며 바람이 생겨난다!

'家人가인'은 '집안사람들', 곧 '가족'을 말한다. 더 나아가 '가인'은 '집안의 도[家道]'를 말한다. 사람이 밖에서 '어떤 부상을 입으면[夷]' 반드시 자기 집[家]으로 돌아가 가정 속에서 따뜻함을 얻고 다친 부분을 치료한다. 가정은 몸의 상처를 낫게 할 뿐 아니라 특히 마음의 슬픔을 치유하는데 가장 적합한 곳이다. 이러한 점으로 해서 '명이괘' 다음에 '가인괘'로 받았다.

37　　　　38

風火家人 풍화가인　　火澤睽 화택규

☞ 37번괘와 38번괘는 하나의 순서쌍pairing을 이루면서 둘 사이에는 종괘의 관계가 있다.

☞ 綜卦종괘란 하나의 괘를 180° 회전시켜 상하를 완전히 뒤집어 놓은 것이다.

38 睽규 | ANIMOSITY

38

離리　　　　　　　　火화

兌태　　　　　　　　澤택

火澤睽화택규

㊳

<small>가 도   궁 필 괴</small>
家道 窮必乖

<small>고   수 지 이 규</small>
故 受之以睽

<small>규 자   괴 야</small>
睽者 乖也

가도가 다하면 어그러진다.
그러므로 규괘로써 그것을 받았다.
규란 어그러지는 것이다.

| 번 | 역 | 순 | 서 |

1	2		3	4	5
家	道		窮	必	乖
가정	도리		다할	~하면	어그러질
가	도		궁	필	괴

6		10	9	8	7
故		受	之	以	睽
그러므로		받을	그것	~로써	괘이름
고		수	지	이	규

- 노려보다, 배반하다.
- 어그러지다, 등지다.

11	12		13	14
睽	者		乖	也
괘이름	~란		어그러질	~이다
규	자		괴	야

가도가 다하면 어그러진다.
그러므로 규괘로써 그것을 받았다.
규란 어그러지는 것이다.

톺아보기

1,2 家道가도   집안에서 마땅히 지켜야 할 도리이지만, 여기서는 한 집안의 살림 형편임.

3 窮궁   다하다, 끝이 나다, 다 없어지다.

~4 必필   ~하면.

9 之지   그것. 여기서는 가인괘.

7,11 睽규   괘이름.

> **象曰상왈 上火下澤상화하택 睽규**
> '괘의-상징적-의미[象]'는 이러하다. 위에는 불이 아래에는 연못이니 규이다.
>   왕부지는 위 내용을 이렇게 풀었다.
>   火上炎화상염 澤下流택하류 情亦睽矣정역규의 불은 위로 타오르고 연못은 아래로 흐른다. 진실로 또한 등지는 것이다.
> * 불과 연못이 서로 어긋나 제 갈 길만 간다!

'睽규'에는 '노려보다', '부릅뜨다', '등지다', '배반하다'의 뜻이 있다. "睽규"를 『설문해자』에서는 "규는 눈이 서로 따르지 않는 것이다[睽 目不相聽也]"라고 풀었다. 이는 곧 두 눈이 서로 다르게 보는 것이다. 집안의 가세가 기울면 가족들이 서로 등지게 된다. 그래서 '동인괘' 다음에 '규괘'로 받았다.

~12 者자 …14 也야   ~란 …이다.

39 蹇 건 | OBSTRUCTION

水山蹇 수산건

㊴ ䷦

_괴 _필 _유 _난
乖 必 有 難

_고 _수 _지 _이 _건
故　受 之 以 蹇

_건 _자 _난 _야
蹇 者　難 也

어그러지면 어려움이 있다.
그러므로 건괘로써 그것을 받았다.
건이란 어려운 것이다.

| 번 | 역 | 순 | 서 |

    1   2   4   3

乖　必　有　難

어그러질　~하면　있을　어려울
　　괴　　　필　　　유　　　난

  5   9   8   7   6

故　　受　之　以　蹇

그러므로　받을　그것　~로써　괘이름
　고　　　　수　　지　　이　　　건

  10 11   12 13

蹇　者　　難　也

괘이름　~란　어려울　~이다
　건　　자　　　난　　야

- 절뚝거리다.
- 고생하다.
- 곤경에 처하다.

어그러지면 어려움이 있다.
그러므로 건괘로써 그것을 받았다.
건이란 어려운 것이다.

| 돋 | 아 | 보 | 기 |

~² **必**필   ~하면.

⁸ **之**지   그것. 여기서는 규괘.

⁶,¹⁰ **蹇**건   괘이름.

> **象曰**상왈 **山上有水**산상유수 **蹇**건
> '괘의-상징적-의미[象]'는 이러하다. 산 위에 물이 있으니 건이다.
> 　　공영달은 위 내용을 이렇게 풀었다.
> 　　水積山上수적산상 彌益危難미익위난 물이 산 위에 쌓여서 더욱더 위태롭고 어렵다.
> * 산이 물에 완전히 잠겨 버렸다!

> '蹇건'은 '절다', '절뚝거리다', '고생하다'라는 뜻이다. 서로 반목하고 대립하면 반드시 시련과 고난이 찾아든다. 그러므로 '규괘' 다음에 '건괘'로 받았다.

~¹¹ **者**자 …¹³ **也**야   ~란 …이다.

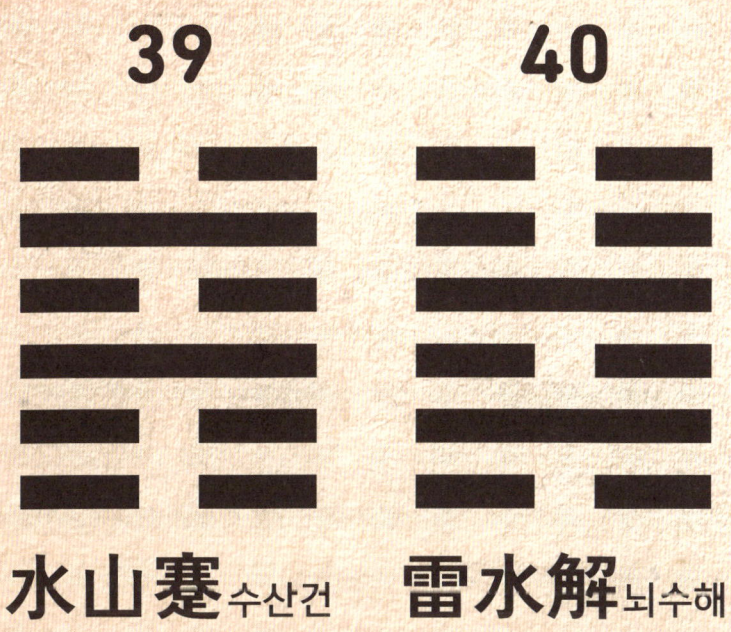

- 39번괘와 40번괘는 하나의 순서쌍pairing을 이루면서 둘 사이에는 종괘의 관계가 있다.
- 綜卦종괘란 하나의 괘를 180° 회전시켜 상하를 완전히 뒤집어 놓은 것이다.

40 解해 | DISSOLUTION

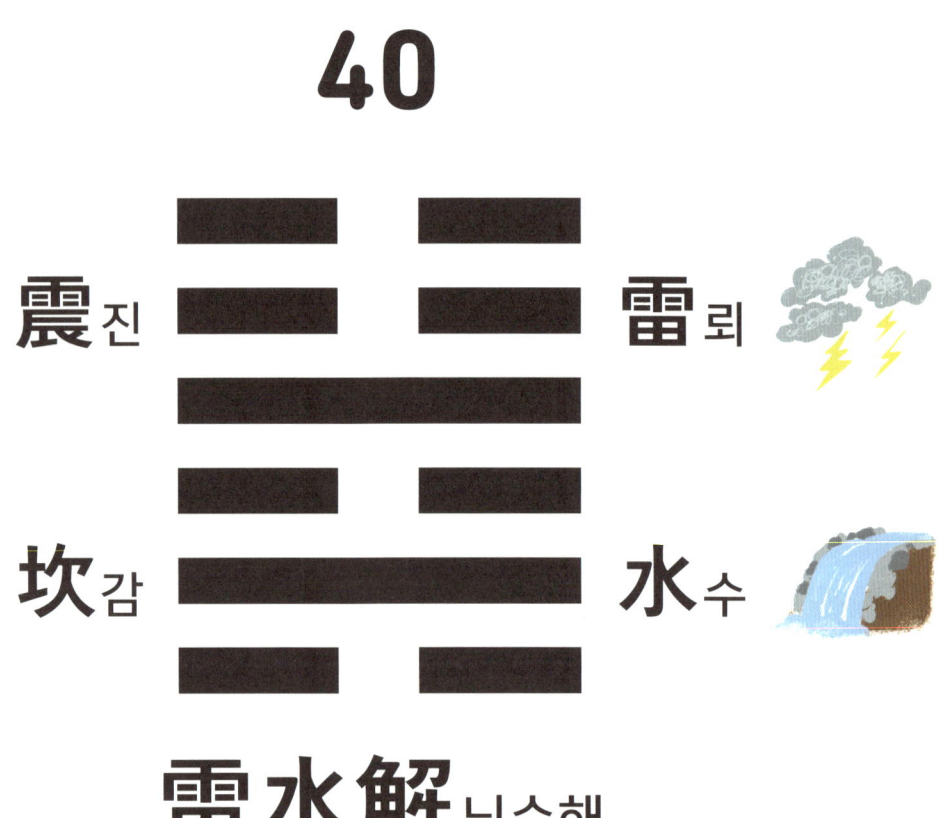

雷水解뇌수해

㊵ ䷧

물 불 가 이 종 난
物不可以終難

고　수 지 이 해
故　受之以解

해 자　완 야
解者　緩也

만물은 결국 어려울 수 없다.
그러므로 해괘로서 그것을 받았다.
해란 풀리는 것이다.

| 번 | 역 | 순 | 서 |

만물은 결국 어려울 수 없다.
그러므로 해괘로서 그것을 받았다.
해란 풀리는 것이다.

톺아보기

1 物물   만물萬物. 이 세상에 있는 모든 것.

4 不可以불가이~   ~할 수 없다.

2 終종   결국, 마침내.

8 之지   그것. 여기서는 건괘.

6,10 解해   괘이름.

> **象曰**상왈 **雷雨作**뢰우작 **解**해
> '괘의-상징적-의미[象]'는 이러하다. 천둥치고 비가 내리니 해이다.
>
> 정이는 위 내용을 이렇게 풀었다.
> 天地解散而成雷雨천지해산이성뢰우 故雷雨作而爲解也고뢰우작이위해야 하늘과 땅이 흩어져 천둥과 비를 이룬다. 그러므로 천둥치고 비가 내려서 해갈된다.
> * 천둥치고 비가 내리니 메마른 대지가 해갈된다!

> '解해'는 '풀다', '해결하다', '풀리다' 등의 뜻으로 어떤 어려움에서 점차 풀려나가는 모습이다. '장애와-고난[蹇]'이 극한에 이르면 언젠가는 '그-고난으로부터-벗어나게-된다[解]'. 그러므로 '건괘' 다음에 '해괘'로 받았다.

~11 者자 ···**13 也**야   ~란 ···이다.

41 損손 | DECREASE

艮간　山산
兌태　澤택

山澤損 산택손

㊶ ䷨

<small>완 필 유 소 실</small>
緩必有所失

<small>고　수 지 이 손</small>
故　受之以損

풀리면 잃는 바가 있다.
그러므로 손괘로써 그것을 받았다.

번역순서

1 緩 **2** 必 **5** 有 **4** 所 **3** 失
풀릴 ~하면 있을 바 잃을
완 필 유 소 실

6 故 **10** 受 **9** 之 **8** 以 **7** 損
그러므로 받을 그것 ~로써 괘이름
고 수 지 이 손

· 덜다.
· 잃다.
· 줄다.

풀리면 잃는 바가 있다.
그러므로 손괘로써 그것을 받았다.

톺아보기

~ **²必**필   ~하면.

⁹之지   그것. 여기서는 해괘.

⁷損손   괘이름.

象曰상왈 **山下有澤**산하유택 **損**손
'괘의-상징적-의미[象]'는 이러하다. 산 아래에 연못이 있으니 손이다.

    정이는 위 내용을 이렇게 풀었다.

    山體高산체고 澤體深택체심 下深則上益高하심즉상익고 爲損下益上之義위손하익상지의 산의 형체는 높고 연못의 형체는 깊다. 아래가 깊으면 위가 더욱 높아지니 아래를 덜어서 위를 더하게 하는 뜻이다.

* 깊은 연못물을 다 퍼내니 산이 더욱 높아진다!

'損손'은 '덜다', '줄이다', '감소하다' 등의 뜻이 있다. 이런 의미 때문에 '아래의-것을-덜어내어-위에-보태는-모습'이 '損손'이다. <u>너무 느슨해져 풀리게 되면 잃는 바가 반드시 있다. 그러므로 '해괘' 다음에 '손괘'로 받았다.</u>

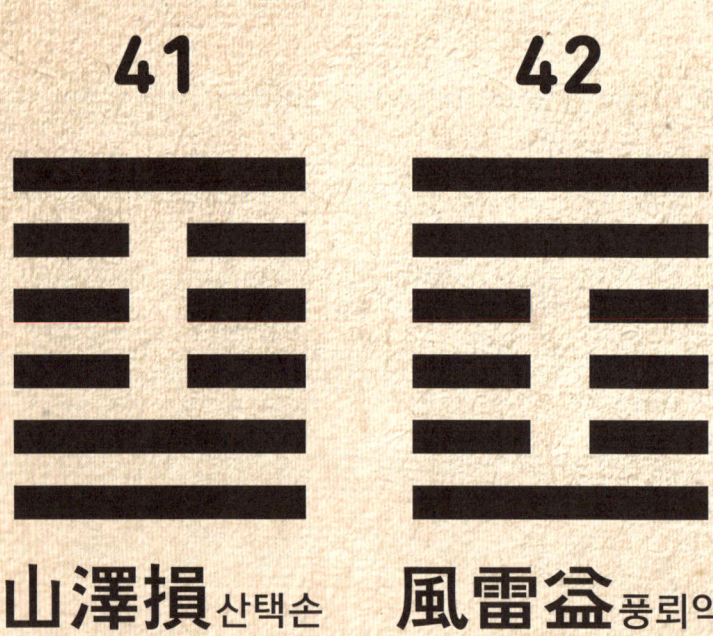

山澤損 산택손　　風雷益 풍뢰익

 41번괘와 42번괘는 하나의 순서쌍 pairing을 이루면서 둘 사이에는 종괘의 관계가 있다.

 綜卦종괘란 하나의 괘를 180° 회전시켜 상하를 완전히 뒤집어 놓은 것이다.

42 益익 | INCREASE

42

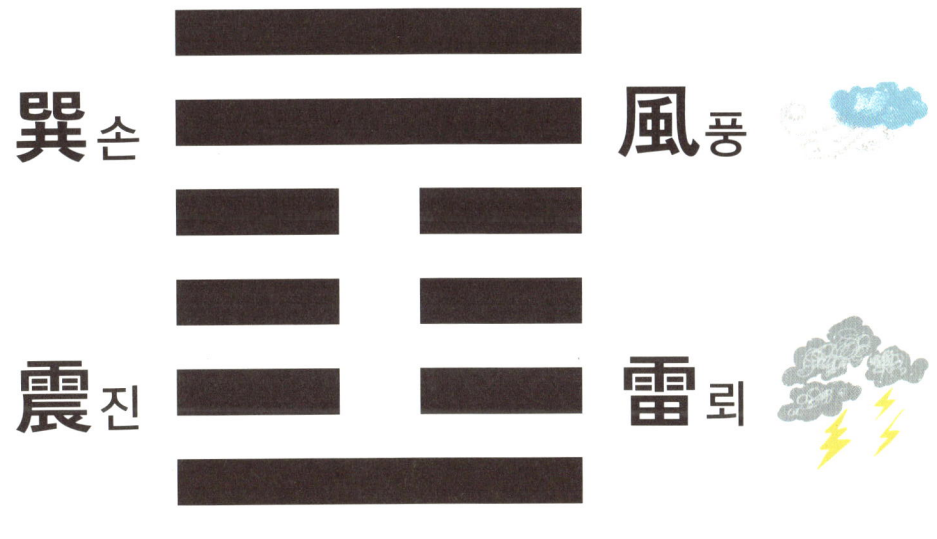

巽손　　　風풍

震진　　　雷뢰

風雷益풍뢰익

㊷ ䷩

<small>손 이 불 이 필 익</small>
損而不已 必益

<small>고 수 지 이 익</small>
故 受之以益

줄이면서도 그만두지 않으면 늘어난다.
그러므로 익괘로써 그것을 받았다.

| 번 | 역 | 순 | 서 |

줄이면서도 그만두지 않으면 늘어난다.
그러므로 익괘로써 그것을 받았다.

| 톺 | 아 | 보 | 기 |

~[2]**而**이   ~이면서도.

[3]**不已**불이   그만두지 아니함.

~[4]**必**필   ~하면.

[9]**之**지   그것. 여기서는 손괘.

7 益익 괘이름.

> **象曰**상왈 **風雷益**풍뢰익 **益**익
> '괘의-상징적-의미[象]'는 이러하다. 바람과 천둥이 도우니 익이다.
>
> 정이는 위 내용을 이렇게 풀었다.
>
> 風烈則雷汎풍렬즉뢰신 雷激則風怒뢰격즉풍노 兩相助益양상조익 所以爲益소이위익 此以象言也차이상언야 바람이 거세면 천둥은 빠르고, 천둥이 거세면 바람은 세차다. 둘이 서로 돕고 도우니 익이 되는 까닭이다. 이것은 괘의 모습으로 말한 것이다.
>
> * 바람과 천둥이 서로 도우며 거세게 몰아친다!

'益익'은 '더하다', '돕다', '많아지다' 등의 뜻을 가진다. 여기서 더 나아가 '益익'에 '효험'과 '이득'이라는 뜻도 생겨난다. 덜어내는 것이 극한에 이르면 언젠가는 이득이 생겨나게 된다. 그래서 '손괘' 다음에 '익괘'로 받았다.

43 夬쾌 | RESOLUTION

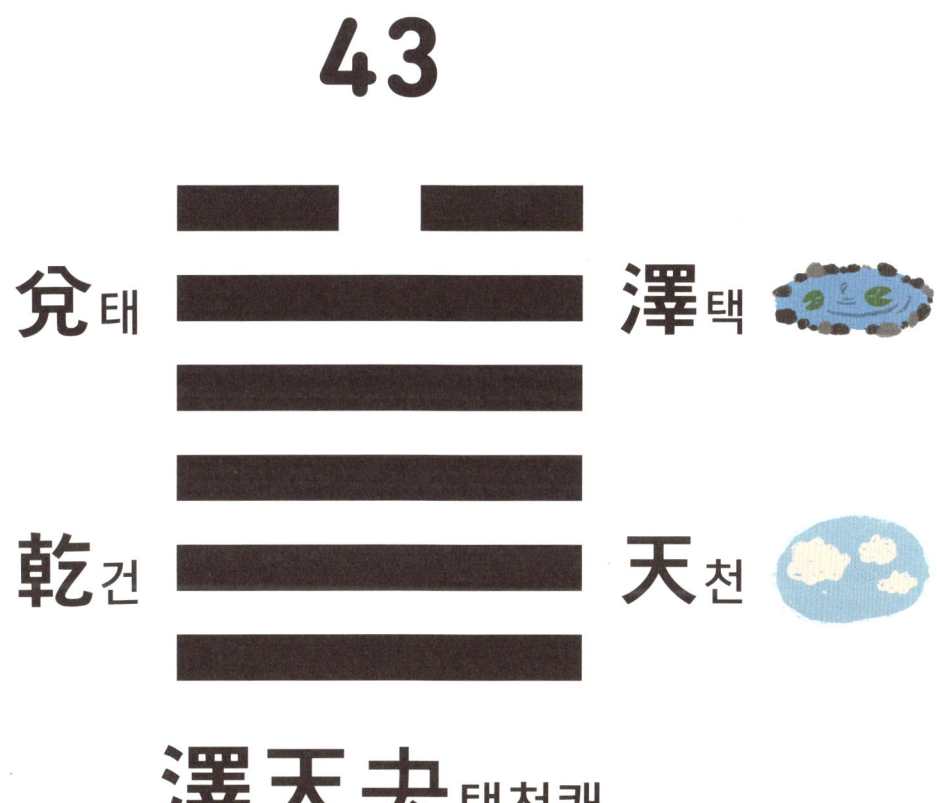

澤天夬 택천쾌

㊸ ䷪

익 이 불 이 필 결
益而不已 必決

고　　수 지 이 쾌
故　受之以夬

쾌 자　결 야
夬者　決也

늘어나면서도 그만두지 않으면 터진다.
그러므로 쾌괘로서 그것을 받았다.
쾌란 터지는 것이다.

| 번 | 역 | 순 | 서 |

늘어나면서도 그만두지 않으면 터진다.
그러므로 쾌괘로서 그것을 받았다.
쾌란 터지는 것이다.

| 돋 | 아 | 보 | 기 |

~² 而이   ~이면서도.

³ 不已불이   그만두지 아니함.

⁴ 必필   ~하면.

⁹ 之지   그것. 여기서는 익괘.

⁷,¹¹ 夬쾌   괘이름.

> **象曰상왈 澤上於天택상어천 夬쾌**
> '괘의-상징적-의미[象]'는 이러하다. 연못이 하늘로 올라가니 쾌이다.
>
> 정이는 위 내용을 이렇게 풀었다.
> 澤水之聚也택수지취야 乃上於天至高之處내상어천지고지처 有潰決之象유궤결지상 연못은 물이 모이는 것이다. 마침내 하늘보다 올라가서 높은 곳에 이르렀다. 무너지고 터지는 모습이 있다.
> * 연못이 하늘보다 위로 올라가 있다!

'夬쾌'는 '터지다[決제방이 무너져서 물이 넘쳐흐르다·막아 놓은 것을 제거하여 물을 이끌어내다·갈라놓다·열어두다 등의 뜻이 있다]', '터놓다', '막힌 곳을 터놓다', '단호하다', '과단성이 있다'라는 뜻이다. 여기서 '결단'이라는 뜻이 나온다. 계속 불어나기만 하면 언젠가는 터져버린다. 그래서 결단이 필요하다. 그러므로 '익괘' 다음에 '쾌괘'로 받았다.

⑥ -- 음 ⎫
⑤ — 양 ⎬ 연못
④ — 양 ⎭
③ — 양 ⎫
② — 양 ⎬ 하늘
① — 양 ⎭

하늘보다 위에 있는 연못에서 물이 흘러 넘치고 있다. 그러니 어떤 결단이 필요하다!

¹³ 決결   터지다.

~¹² 者자 …¹⁴ 也야   ~란 …이다.

43　　　44

澤天夬 택천쾌　　天風姤 천풍구

☞ 43번괘와 44번괘는 하나의 순서쌍 pairing을 이루면서 둘 사이에는 종괘의 관계가 있다.

☞ 綜卦종괘란 하나의 괘를 180° 회전시켜 상하를 완전히 뒤집어 놓은 것이다.

44 姤구 | MEETING TOGETHER

44

乾건 　　　　　　　天천
巽손 　　　　　　　風풍

天風姤천풍구

44 ䷫

결 필 유 소 우
決必有所遇

고 수 지 이 구
故 受之以姤

구 자 우 야
姤者 遇也

헤어지면 만나는 바가 있다.

그러므로 구괘로써 그것을 받았다.

구란 만나는 것이다.

| 번 | 역 | 순 | 서 |

1	2	5	4	3
決	必	有	所	遇
헤어질	~하면	있을	바	만날
결	필	유	소	우

6	10	9	8	7
故	受	之	以	姤
그러므로	받을	그것	~로써	괘이름
고	수	지	이	구

- 만나다.
- 합치다.

11	12		13	14
姤	者		遇	也
괘이름	~란		만날	~이다
구	자		우	야

헤어지면 만나는 바가 있다.
그러므로 구괘로써 그것을 받았다.
구란 만나는 것이다.

| 톺 | 아 | 보 | 기 |

1 決결 헤어지다.

2 必필 ~하면.

9 之지 그것. 쾌괘.

7,11 姤구 괘이름.

象曰상왈 天下有風천하유풍 姤구
'괘의-상징적-의미[象]'는 이러하다. 하늘 아래에 바람이 있으니 구이다.

정이는 위 내용을 이렇게 풀었다.

風行天下풍행천하 天之下者萬物也천지하자만물야 風之行풍지행 无不經觸무불경촉 乃遇之象내우지상 바람이 하늘 아래에서 분다. 하늘 아래에 있는 것은 만물이다. 바람이 부니 지나가며 접촉하지 않는 것이 없다. 곧 만나는 모습이다.

* 하늘 아래에서 바람이 부니 만물이 그 바람과 만난다!

'姤구'는 '만나다'라는 뜻으로 여기서 '만남'이 나온다. 결단해서 갈라졌더라도 언젠가는 다시 만나게 된다. 그래서 '쾌괘' 다음에 '구괘'로 받았다.

⑥ ― 양
⑤ ― 양
④ ― 양
③ ― 양
② ― 양
① ― ― 음

①번의 음이 위에 있는
②번~⑥번까지의
양들을 만나게 된다!

~12 者자 ···14 也야 ~란···이다.

하경

45 萃 췌 | GATHERING TOGETHER

兌태　　澤택
坤곤　　地지

澤地萃 택지췌

45

物^상相遇而後 聚

故 受之以萃

萃者 聚也

만물이 서로 만난 이후에 모인다.
그러므로 췌괘로써 그것을 받았다.
췌란 모이는 것이다.

| 번 | 역 | 순 | 서 |

1 物 만물 물
2 相 서로 상
3 遇 만날 우
4 而後 ~이후에 이 후
5 聚 모일 취

6 故 그러므로 고
10 受 받을 수
9 之 그것 지
8 以 ~로써 이
7 萃 괘이름 췌

- 모이다, 모여들다.
- 집회하다.

11 萃 괘이름 췌
12 者 ~란 자
13 聚 모일 취
14 也 ~이다 야

만물이 서로 만난 이후에 모인다.
그러므로 췌괘로써 그것을 받았다.
췌란 모이는 것이다.

돋아보기

1 物물   만물萬物. 이 세상에 있는 모든 것.

～4 而後이후   ～이후에.

9 之지   그것. 여기서는 구괘.

7,11 萃췌   괘이름.

> **象曰상왈 澤上於地택상어지 萃췌**
> '괘의-상징적-의미[象]'는 이러하다. 연못이 땅에 비해 올라가니 췌이다.
>
> 정이는 위 내용을 이렇게 풀었다.
> 澤上於地택상어지 水之聚也수지취야 故爲萃고위췌 연못이 땅에 비해 올라가 있으니 물이 모인 것이다. 그러므로 모인 것이 된다.
> * 땅 위 연못에 물이 모여든다!

'萃췌'는 '모이다', '모으다'라는 뜻으로 여기서 '모임'이라는 뜻이 생긴다. 만물이 한곳으로 모여드는 모습이 '萃췌'이다. 어떤 것들이 서로 만나면 무리를 이루게 된다. 그래서 '구괘' 다음에 '췌괘'로 받았다.

～12 者자 …14 也야   ～란 …이다.

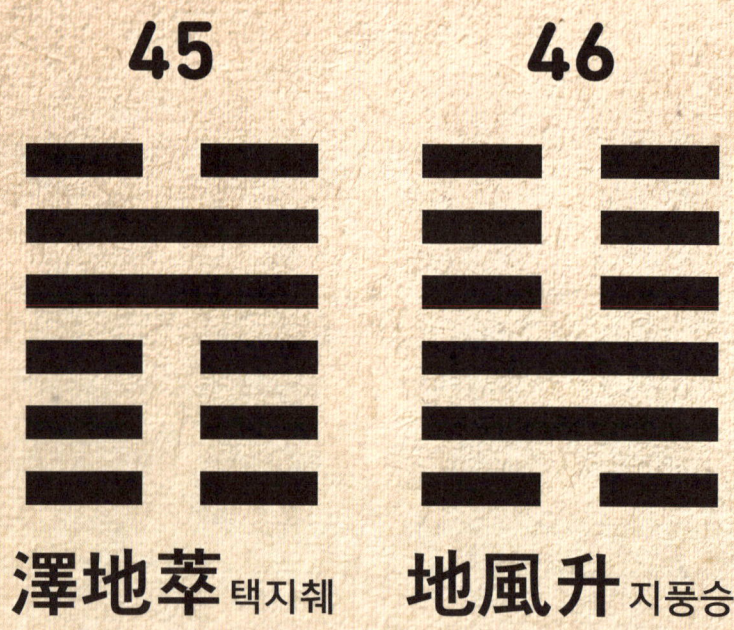

☞ 45번괘와 46번괘는 하나의 순서쌍pairing을 이루면서 둘 사이에는 종괘의 관계가 있다.

☞ 綜卦종괘란 하나의 괘를 180° 회전시켜 상하를 완전히 뒤집어 놓은 것이다.

46 升승 | MOVING UPWARDS

地風升 지풍승

㊻ ䷭

^{취 이 상 자} ^{위 지 승}
聚而上者 謂之升

^고 ^{수 지 이 승}
故 受之以升

모여서 올라가는 것, 그것을 승이라 말한다.
그러므로 승괘로써 그것을 받았다.

번역순서

1	2	3	4		7	5	6
聚	而	上	者		謂	之	升
모일	~해서	올라갈	것		말할	그것	괘이름
취	이	상	자		위	지	승

8	12	11	10	9
故	受	之	以	升
그러므로	받을	그것	~로써	괘이름
고	수	지	이	승

· 오르다, 상승하다.
· 향상되다.

모여서 올라가는 것, 그것을 승이라 말한다.
그러므로 승괘로써 그것을 받았다.

톺아보기

~² 而ᵢ ~해서.

³ 上상 올라가다.

⁵ 之지 그것. 앞의 내용을 받는다.

¹¹ 之지 그것. 여기서는 췌괘.

6,9 **升승** 괘이름.

> **象曰**상왈 **地中生木**지중생목 **升**승
> '괘의-상징적-의미[象]'는 이러하다. 땅속에서 나무가 자라니 승이다.
>
> 정이는 위 내용을 이렇게 풀었다.
> 木在地下목재지하 木生地中목생지중 長而益高장이익고 爲升之象也위승지상야 나무가 땅 아래에 있으니 나무가 땅속에서 자란다. 자라서 더욱 높아지니 올라가는 모습이다.
> * 땅속에서 나무가 쑥쑥 자란다!

'升승'은 '오르다', '올리다', '성하다' 등의 뜻으로 여기서 '상승'이라는 의미가 생겨난다. '지풍승'의 괘상은 위에 땅[☷·地]이 있고, 아래에 바람[☴·風]이 배치되어 있다. 그런데 아래 바람은 8괘 이론에 따르면, 바람은 나무가 된다[巽爲木]. 따라서 '지풍승괘'인 경우에 아래 바람[風]은 나무[木]로 해석해야 한다. 자세한 내용은 『설괘전』(책인숲, 2015: 169-171)을 참고해도 좋다. 만물이 쌓이고 모이면 더욱 높아지고 커진다. 따라서 '췌괘' 다음에 '승괘'로 받았다.

47

困 곤 | ADVERSITY

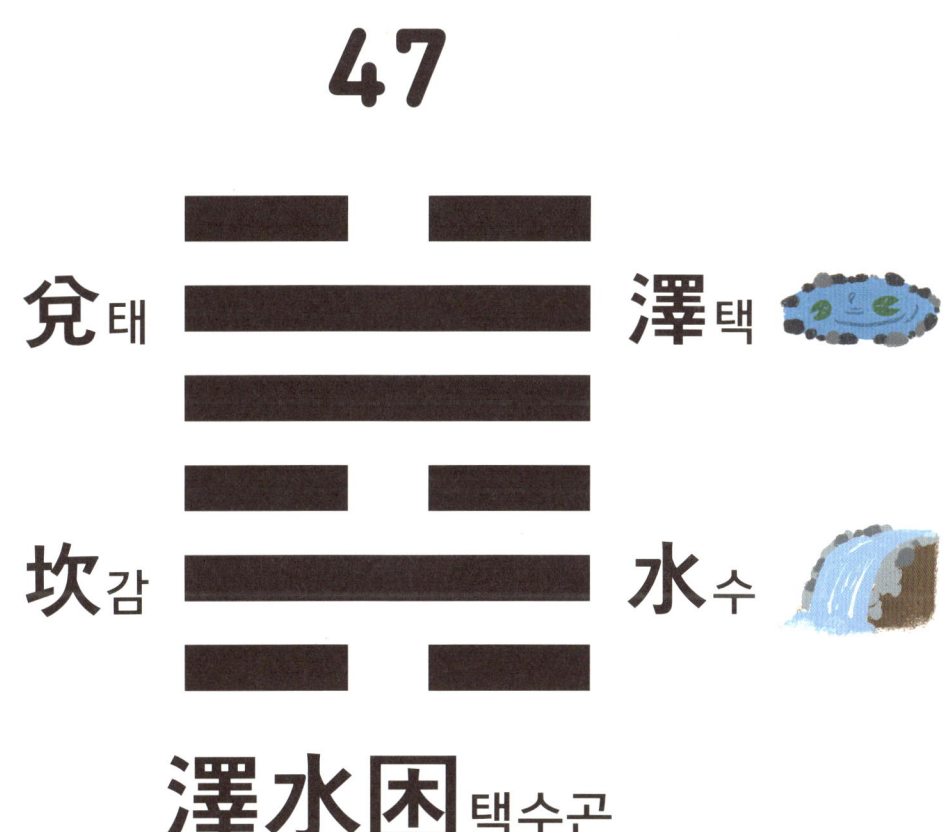

澤水困 택수곤

47

升而不已 必困
_{승 이 불 이 필 곤}

故 受之以困
_{고 수 지 이 곤}

오르면서도 그만두지 않으면 곤란하다.
그러므로 곤괘로써 그것을 받았다.

번역순서

오르면서도 그만두지 않으면 곤란하다.
그러므로 곤괘로써 그것을 받았다.

돋아보기

~² 而이   ~이면서도.

³ 不已불이   그만두지 아니함.

~⁴ 必필   ~하면.

⁹ 之지   그것. 여기서는 승괘.

7 困곤 괘이름.

> **象曰**상왈 **澤无水**택무수 **困**곤
> '괘의-상징적-의미[象]'는 이러하다. 연못에 물이 없으니 곤이다.
>
> 정이는 위 내용을 이렇게 풀었다.
> 水居澤上수거택상 則澤中有水也즉택중유수야 乃在澤下내재택하 枯涸无水之象고학무수지상 물이 연못 위에 있으면 연못 속에 물이 있는 것이다. 마침내 연못 아래에 있으니 [연못이] 말라서 물이 없는 모습이다.
> * 물이 고여있어야 할 연못에 물이 말랐다!

'困곤'은 '곤하다', '가난하다', '난처하다', '괴로움을 겪다'라는 뜻으로 여기서 '곤경에-처함'이라는 뜻이 파생된다. 계속 상승하기만 하면 언젠가는 곤경에 처하게 된다. 그래서 '승괘' 다음에 '곤괘'로 받았다.

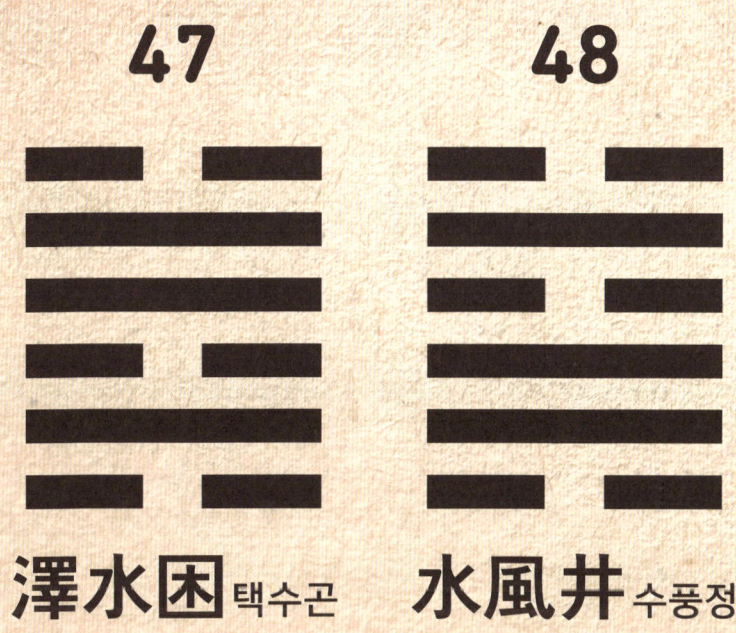

☞ 47번괘와 48번괘는 하나의 순서쌍pairing을 이루면서 둘 사이에는 종괘의 관계가 있다.

☞ 綜卦종괘란 하나의 괘를 180° 회전시켜 상하를 완전히 뒤집어 놓은 것이다.

48　井 정 | WELL

48

坎 감　　　　　水 수

巽 손　　　　　風 풍

1. 들어감 [入]
2. 나무 [木]

水風井 수풍정

㊽ ䷯

^{곤 호 상 자}   ^{필 반 하}
困乎上者 必反下

^고   ^{수 지 이 정}
故 受之以井

위에서 곤란한 사람은 반드시 아래로 되돌아간다.
그러므로 정괘로써 그것을 받았다.

| 번 | 역 | 순 | 서 |

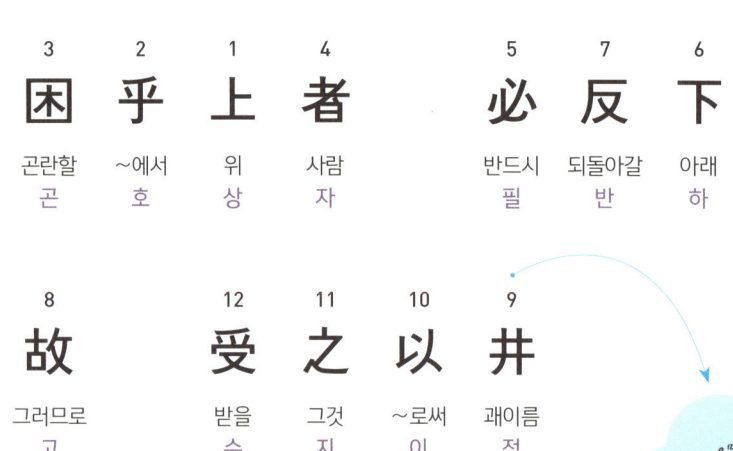

위에서 곤란한 사람은 반드시 아래로 되돌아간다.
그러므로 정괘로써 그것을 받았다.

| 톺 | 아 | 보 | 기 |

2 **乎**호~   ~에서.

4 **者**자   사람.

11 **之**지   그것. 여기서는 곤괘.

9 **井**정   괘이름.

象曰상왈 **木上有水**목상유수 **井**정
'괘의-상징적-의미[象]'는 이러하다. 나무 위에 물이 있으니 정이다.

정이는 위 내용을 이렇게 풀었다.
坎水也감수야 巽之象則木也손지상즉목야 巽之義則入也손지의즉입야 木器之象목기지상 木入於水下而上乎水목입어수하이상호수 汲井之象也급정지상야 坎감은 물이다. 巽손의 상징은 나무다. 손의 뜻은 들어감이자 나무 그릇의 상징이다. 나무가 물 아래로 들어가 물을 긷는다. 샘물을 긷는 모습이다.
* 두레박으로 우물물을 긷다!

'井정'은 '우물', '샘물'이라는 뜻으로 여기서 '근원', '원천'이라는 뜻이 생겨난다. '水風井'의 괘상을 보자. 위에는 물[☵·水]이 배치되어 있고, 아래에는 바람[☴·風]이 배치되어 있다. 그런데 아래 바람을 8괘 이론으로 보자. 이에 따르면, ① 바람은 들어가는 것[巽入也]이 되기도 하며, ② 바람은 나무가 되기[巽爲木]도 한다. 위 상품이 글상자 안의 정이의 풀이가 바로 이점을 지적하고 있는 것이다. ①은 여기서 두레박이 우물 속으로 들어가는 활동을 말하는 것이고, ②는 물 긷는 도구로 나무로 제작된 두레박을 뜻한다. 자세한 내용은 『설괘전』(책인숲, 2015: 112-115/169-171)을 참고하라. 따라서 '수풍정괘'에서 '風'은 이때 '바람'으로 쓰인 것이 아니라 위와 같이 ① '巽入也손입야'와 ② '巽爲木손위목'의 의미로 쓰였다. 계속 오르다 보면 언젠가는 곤경에 빠지게 되어 아래로 되돌아오게 된다. 아래로 되돌아오게 하는 것 중에서 아래에 있는 것은 우물[井]이 대표적이다. 그래서 '곤괘' 다음에 '정괘'로 받았다.

49 革혁 | REVOLUTION

49

兌태　　　　　澤택

離리　　　　　火화

澤火革 택화혁

㊾ ䷰

<small>정 도 불 가 불 혁</small>
井道不可不革

<small>고　　수 지 이 혁</small>
故　受之以革

우물로 가는 길은 마땅히 고치지 않을 수 없다.
그러므로 혁괘로써 그것을 받았다.

번 역 순 서

우물로 가는 길은 마땅히 고치지 않을 수 없다.
그러므로 혁괘로써 그것을 받았다.

톺 아 보 기

1 井 2 道 정도   우물로 가는 길.

3·5 不可不 불가불~   마땅히 ~하지 않을 수 없다.

4 革 혁   고치다.

9 之 지   그것. 정괘.

7 革혁 괘이름.

象曰상왈 **澤中有火**택중유화 **革**혁
'괘의-상징적-의미[象]'는 이러하다. 연못 안에 불이 있으니 혁이다.

정이는 위 내용을 이렇게 풀었다.
火之性上화지성상 水之性下수지성하 若相違行약상위행 則睽而已즉규이이 乃火在下내화재하 水在上수재상 相就而相剋상취이상극 相滅息者也상멸식자야 所以爲革也소이위혁야
불의 본성은 올라가는 것이고, 물의 본성은 내려가는 것이다. 만약 서로 어겨서 간다면 등질뿐이다. 마침내 불이 아래에 있고 물이 위에 있으니 서로 취하고 서로 억누른다. 서로 제거하여 없애는 것은 變革변혁함이 되는 이유이다.
* 연못 한 가운데에 불이 타오르고 있다!

'革혁'은 '고치다', '변혁하다'라는 뜻으로 여기에서 '변혁', '혁명'이라는 의미가 생겨난다. 우물은 그대로 방치하면 더러워져서 마실 수가 없다. 그래서 늘 고치고 깨끗하게 관리해야 한다. 이러한 점 때문에 '정괘' 다음에 '혁괘'로 받았다.

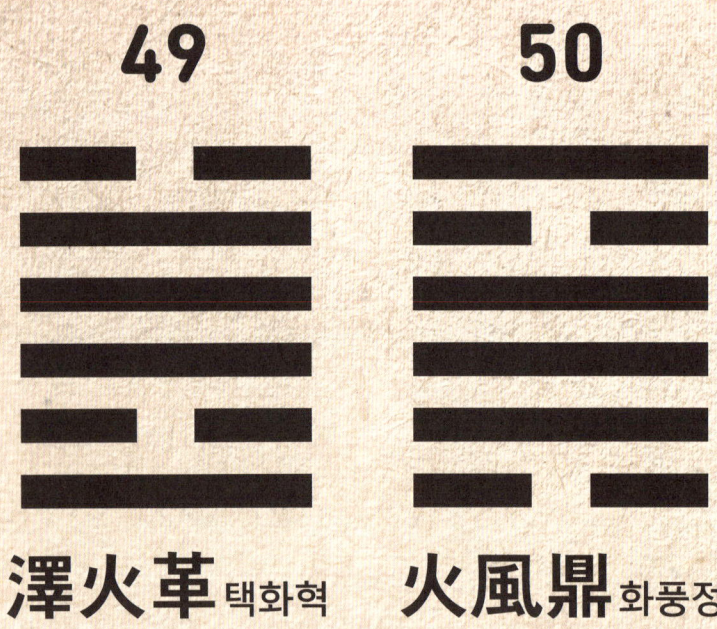

☞ 49번괘와 50번괘는 하나의 순서쌍pairing을 이루면서 둘 사이에는 종괘의 관계가 있다.

☞ 綜卦종괘란 하나의 괘를 180° 회전시켜 상하를 완전히 뒤집어 놓은 것이다.

50 鼎 정 | CAULDRON

50

離 리 　　　 火 화

巽 손 　　　 風 풍
　　　　　　　木

火風鼎 화풍정

㊿ ䷱

혁물자 막약정
革物者 莫若鼎

고 수지이정
故 受之以鼎

만물을 변혁하는 것은 솥만한 것이 없다.

그러므로 정괘로써 그것을 받았다.

번역순서

1	2	3	5		4
革	物	者	莫	若	鼎
변혁할	만물	것	~만한 것이 없다		솥
혁	물	자	막	약	정

6	10	9	8	7
故	受	之	以	鼎
그러므로	받을	그것	~로써	괘이름
고	수	지	이	정

- 솥
- 견고한 상태
- 우주의 질서

만물을 변혁하는 것은 솥만한 것이 없다.
그러므로 정괘로써 그것을 받았다.

톺아보기

2 物물 만물萬物. 이 세상에 있는 모든 것.

3 者자 것.

5 莫若막약~ ~만한 것이 없다.

4 鼎정 솥.

| 9 | 之지 | 그것. 여기서는 혁괘.

| 7 | 鼎정 | 괘이름.

> **象曰**상왈 **木上有火**목상유화 **鼎**정
> '괘의-상징적-의미[象]'는 이러하다. 나무 위에 불이 있으니 정이다.
>
> 정이는 위 내용을 이렇게 풀었다.
> 木上有火목상유화 以木巽火也이목손화야 烹飪之象팽임지상 故爲鼎고위정 나무 위에 불이 있으니 나무인 巽손으로 태우는 것이다. 삶아서 익히는 모습이다. 그러므로 솥이 된다.
> * 땔감 위에 불을 붙여 솥을 달군다!

'鼎정'은 '솥발이 셋 달리고 귀가 둘이 달린 음식을 익히는데 쓰는 기구'을 말한다. 날 것을 삶아서 익히는 것이 솥이기 때문에 '정'에는 '사물을 새롭게 고친다'는 뜻도 있다. 또한 솥을 매우 안정적으로 설치해야 음식을 만들 수 있기 때문에 솥의 모습에서 '안정', '우주적 질서'라는 뜻도 생겨난다. '화풍정괘'의 괘상을 보자. 그러면 위에 불[☲·火]이 있고, 아래에 바람[☴·風]이 배치되어 있다. 그런데 아래 바람은 8괘 이론에 따르면, 바람은 나무가 된다[巽爲木]. 따라서 '정괘'인 경우에 아래 '바람[風]'은 나무[木]로 해석해야 한다. 자세한 내용은『설괘전』(책인숲, 2015: 169-171)을 참고하라. '솥'의 용도는 날 것을 익혀서 익은 것으로 변화시키는 일을 한다. 이것은 변혁의 구체적인 모습이 된다. 그래서 '혁괘' 다음에 '정괘'로 받았다.

51 震 진 | THUNDERCLAP

重雷震 중뢰진

51 ☳

主器者 莫若長者
_{주 기 자   막 약 장 자}

故 受之以震
_{고   수 지 이 진}

震者 動也
_{진 자   동 야}

보기를 주관하는 사람은 맏아들만한 사람이 없다.
그러므로 진괘로써 그것을 받았다.
진이란 움직이는 것이다.

| 번 | 역 | 순 | 서 |

```
  2    1    3          ┌─5─┐  ┌─4─┐
  主   器   者          莫  若  長  者
 주관할 보기 사람      ~만한사람이없다 맏아들 자식
  주   기   자           막  약   장   자
```

```
  6        10   9   8    7
  故        受   之  以   震
 그러므로   받을 그것 ~로써 괘이름
  고        수   지   이   진
```

- 벼락 치다.
- 움직이다.
- 놀라다.

```
  11  12        13  14
  震  者        動  也
 괘이름 ~란    움직일 ~이다
  진   자        동   야
```

보기를 주관하는 사람은 맏아들만한 사람이 없다.
그러므로 진괘로써 그것을 받았다.
진이란 움직이는 것이다.

| 톺 | 아 | 보 | 기 |

² **主**주   주관하다.

¹ **器**기   寶器보기. 보배로운 그릇.

⁵ **莫若**막약~   ~만한 사람이 없다.

⁴ **長子**장자   맏아들.

⁹ **之**지   그것. 여기서는 정괘.

^{7,11} **震**진   괘이름.

> **象曰**상왈 **洊雷**천뢰 **震**진
> '괘의-상징적-의미[象]'는 이러하다. 거듭 천둥이니 진이다.
>
> 정이는 위 내용을 이렇게 풀었다.
> 上下皆震상하개진 故爲洊雷고위천뢰 雷重仍則威益盛뢰중잉즉위익성 위와 아래 모두 천둥이므로 거듭 천둥이 된다. 천둥이 거듭 중첩되어 있으면 세력이 더욱 활발해진다.
> * 천둥이 우르릉 쾅쾅 친다!

'震진'은 '벼락'과 '천둥'을 말하는데, 여기서 '벼락과 천둥이 치다', '움직이다', '놀라다', '두려워하다'라는 뜻이 생겨난다. 더 나아가서 '震진'이 '진동'과 '震慄진율두려워서 벌벌 떪'의 의미로까지 확장되었다. 솥은 器物기물기물은 기명과 같은 말로 살림에 쓰는 온갖 그릇붙이에 속한다. 그런데 먼 옛날 그 기물을 주관하는 자는 집안의 대표인 장자의 몫이다. 8괘 이론에서 '震[☳]'은 '장자'에 속한다. 이 점에 대해서는 『설괘전』(책인숲, 2015: 137-139/146-147)을 참고하라. 이러한 점으로 해서 '정괘' 다음에 '진괘'로 받았다.

~¹² 者자 **…¹⁴ 也**야   ~란 …이다.

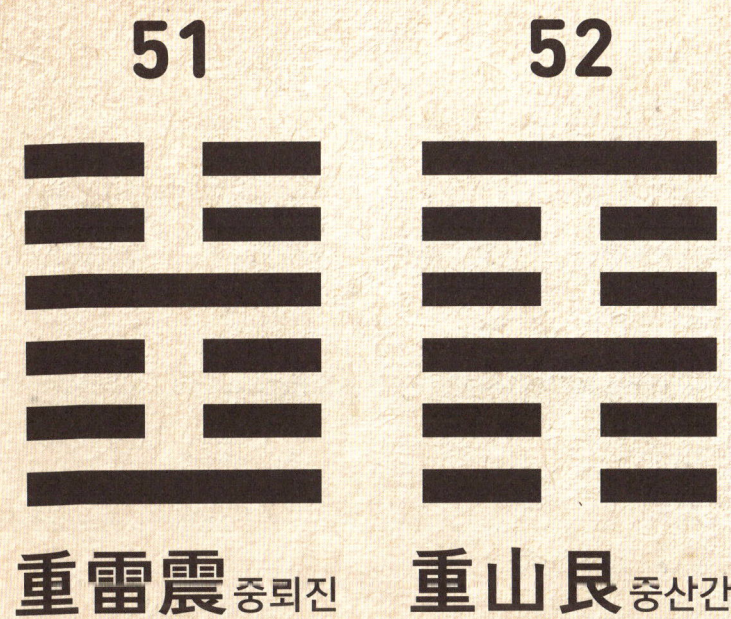

重雷震 중뢰진　　重山艮 중산간

 51번괘와 52번괘는 하나의 순서쌍pairing을 이루면서 둘 사이에는 종괘의 관계가 있다.

 綜卦종괘란 하나의 괘를 180° 회전시켜 상하를 완전히 뒤집어 놓은 것이다.

52 艮간 | KEEPING STILL

52

艮간　　　　　　　　　山산
艮간　　　　　　　　　山산

重山艮중산간

㊾ ䷳

_{물 불 가 이 종 동} _{지 지}
物不可以終動 止之

_고 _{수 지 이 간}
故 受之以艮

_{간 자} _{지 야}
艮者 止也

만물은 결국 움직일 수 없다. 그것을 멈추게 한다.

그러므로 간괘로써 그것을 받았다.

간이란 멈추는 것이다.

만물은 결국 움직일 수 없다. 그것을 멈추게 한다.
그러므로 간괘로써 그것을 받았다.
간이란 멈추는 것이다.

톺아보기

¹ **物**물   만물萬物. 이 세상에 있는 모든 것.

⁴ **不可以**불가이~   ~할 수 없다.

⁶ **止**지   멈추게 하다.

⁵ **之**지   그것. 여기서는 움직임.

¹⁰ **之**지   그것. 여기서는 진괘.

^{8,12} **艮**간   괘이름.

> **象曰**상왈 **兼山**겸산 **艮**간
> '괘의-상징적-이미[象]'는 이러하다. 산을 포개니 간이다.
> 정이는 위 내용을 이렇게 풀었다.
> 上下皆山상하개산 故爲兼山고위겸산 위와 아래 모두 산이다. 그러므로 산을 포개놓은 것이 된다.
> * 산 위에 또 산이다!

'艮간'은 '그치다', '멈추다', '머물러 나아가지 아니하다'라는 뜻으로 여기서 '멈춤', '고요 속에 머무름'이라는 뜻이 나온다. 8괘 이론에서 "간은 산이다[艮 山 也]." 어떤 사물의 진동이 극에 달하면 언젠가는 멈추게 되어 있다. 따라서 '진괘' 다음에 '간괘'로 받았다.

¹⁴ **止**지   멈추다.

~¹³ **者**자 **…**¹⁵ **也**야   ~란 …이다.

53

漸 점 | DEVELOPING

巽 손　　風 풍
艮 간　　山 산

風山漸 풍산점

㊳ ䷴

물 불 가 이 종 지
物不可以終止

고　수 지 이 점
故　受之以漸

점 자　진 야
漸者　進也

만물은 결국 멈출 수 없다.
그러므로 점괘로써 그것을 받았다.
점이란 나아가는 것이다.

번역순서

만물은 결국 멈출 수 없다.
그러므로 점괘로써 그것을 받았다.
점이란 나아가는 것이다.

톺아보기

1 **物물**   만물萬物. 이 세상에 있는 모든 것.

4 **不可以불가이~**   ~할 수 없다.

| 8 **之**지 | 그것. 여기서는 간괘.

| 6,10 **漸**점 | 괘이름.

> **象曰**상왈 **山上有木**산상유목 **漸**점
> '괘의-상징적-의미[象]'는 이러하다. 산 위에 나무가 있으니 점이다.
>
> 정이는 위 내용을 이렇게 풀었다.
> **山上有木**산상유목 **木之高而因山**목지고이인산 **其高有因也**기고유인야 **其高有因**기고유인 **乃其進也有序也**내기진야유서야 **所以爲漸也**소이위점야 산 위에 나무가 있다. 나무가 높으니 산에 말미암고, 그 높음은 원인이 있다. 그 높음이 까닭이 있으니 그 자라남에는 차례가 있어 자라게 되는 까닭이다.
> * 산 위에 서 있는 나무가 점점 자라고 있다!

'漸점'은 '점점', '차차', '차츰 나아가다', '자라다', '성장하다'라는 뜻으로 '차례를-좇아-나아가는-모습'이다. '풍산점괘'의 괘상을 보자. 그러면 위에 바람[☴·風]이 있고, 아래에 산[☶·山]이 배치되어 있다. 그런데 위의 바람은 8괘 이론에 따르면, 바람은 나무가 된다[巽爲木] 따라서 '점괘'인 경우에 위의 '바람[風]'은 나무[木]로 해석해야 한다. 자세한 내용은 『설괘전』(책인숲, 2015: 169-171)을 참고하라. 그 어떤 것도 영원히 멈추어 있을 수만은 없다. 멈추어 있던 것도 때가 되면 점차 자라나게 되어 있다. 그래서 '간괘' 다음에 '점괘'로 받았다.

| ~ **11 者**자 …**13 也**야 | ~란 …이다.

〈표 5〉 64괘 중 상풀이[象解]에서 괘형 바람[☴·風]을 바람으로 해석하지 않고 나무[木]나 들어감[入]으로 해석하는 것들의 총집합

괘번호	괘명	괘형	해석내용
28	澤風大過택풍대과	䷛ ✓	이때 하괘 바람[風]을 나무[木]로 해석한다.
46	地風升지풍승	䷭ ✓	이때 하괘 바람[風]을 나무[木]로 해석한다.
48	水風井수풍정	䷯ ✓	이때 하괘 바람[風]을 들어감[入]과 나무[木]로 해석한다.
50	火風鼎화풍정	䷱ ✓	이때 하괘 바람[風]을 나무[木]로 해석한다.
53	風山漸풍산점	䷴ ✓	이때 상괘 바람[風]을 나무[木]로 해석한다.

53   54

   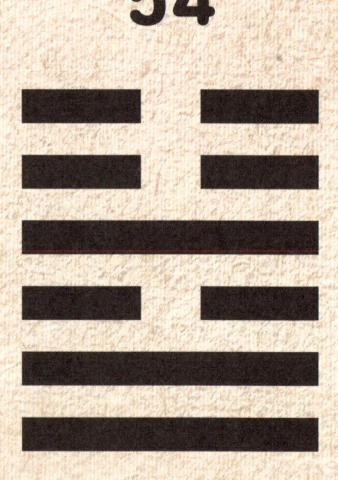

風山漸 풍산점   雷澤歸妹 뇌택귀매

☞ 53번괘와 54번괘는 하나의 순서쌍pairing을 이루면서 둘 사이에는 종괘의 관계가 있다.

☞ 綜卦종괘란 하나의 괘를 180° 회전시켜 상하를 완전히 뒤집어 놓은 것이다.

54 歸妹 귀매 | MARRING MAIDEN

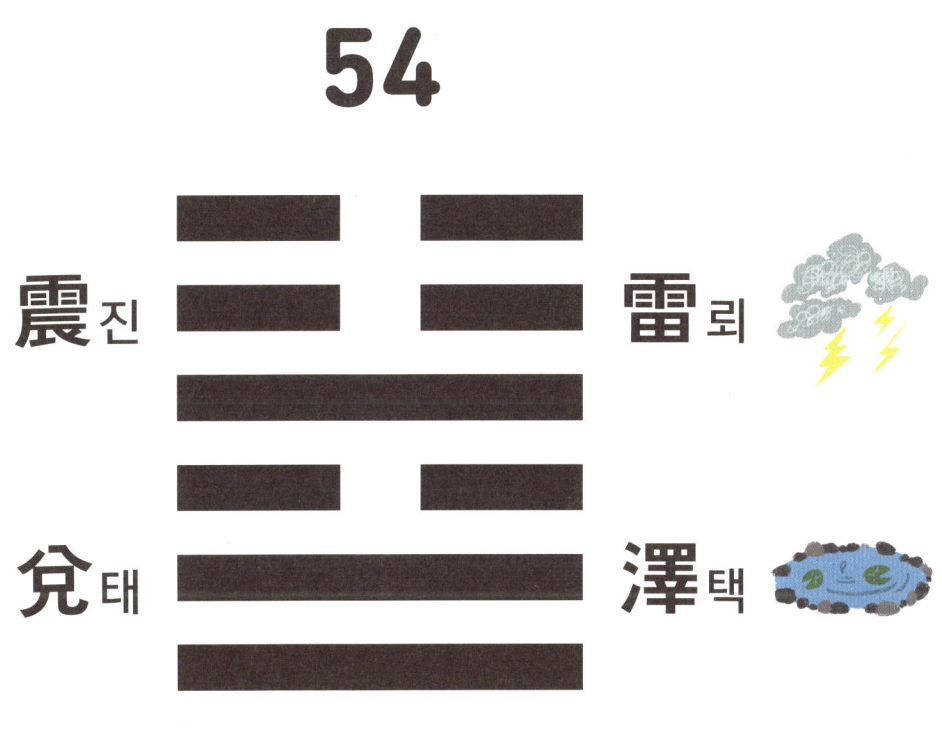

震진　雷뢰
兌태　澤택

雷澤歸妹 뇌택귀매

54 ䷵

<u>진</u> <u>필</u> <u>유</u> <u>소</u> <u>귀</u>
進 必 有 所 歸

<u>고</u>　<u>수</u> <u>지</u> <u>이</u> <u>귀</u> <u>매</u>
故　受 之 以 歸 妹

나아가면 돌아가는 바가 있다.
그러므로 귀매괘로써 그것을 받았다.

번역순서

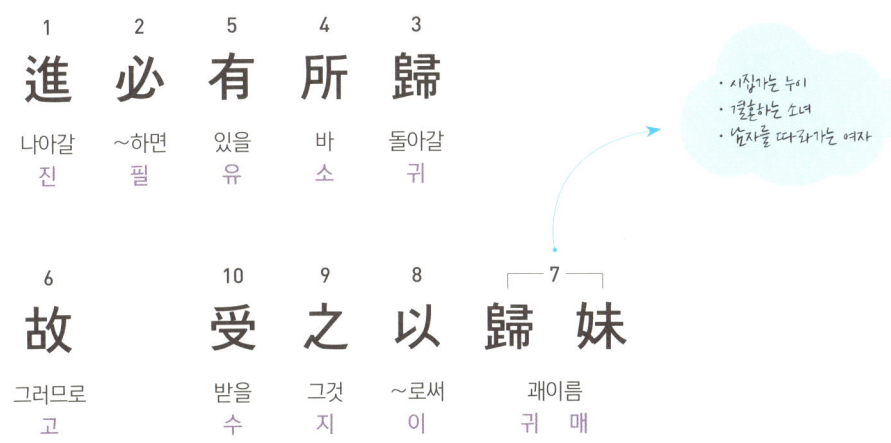

1	2	5	4	3
進	必	有	所	歸
나아갈	~하면	있을	바	돌아갈
진	필	유	소	귀

6	10	9	8	7	
故	受	之	以	歸	妹
그러므로	받을	그것	~로써	괘이름	
고	수	지	이	귀	매

- 시집가는 누이
- 결혼하는 소녀
- 남자를 따라가는 여자

나아가면 돌아가는 바가 있다.
그러므로 귀매괘로써 그것을 받았다.

톺아보기

~² 必필   ~하면.

⁹ 之지   그것. 여기서는 점괘.

⁷ 歸妹귀매   괘이름.

> **象曰**상왈 **澤上有雷**택상유뢰 **歸妹**귀매
> '괘의-상징적-의미[象]'는 이러하다. 연못 위에 천둥이 있으니 귀매이다.
>
> 정이는 위 내용을 이렇게 풀었다.
> 雷震於上뢰진어상 澤隨而動택수이동 陽動於上양동어상 陰說而從음열이종 女從男之象야여종남지상야 故爲歸妹고위귀매 천둥이 위에서 진동하니 연못이 따라서 동요한다. 양[천둥]이 위에서 움직이니 음[연못]이 기뻐하면서 따른다. 여자가 남자를 따르는 모습이다. 그러므로 시집가는 여자가 된다.
> * 남자가 위에서 움직이고 아래의 여자가 따른다!

'歸妹귀매'란 '시집가는 누이' 또는 '누이가 시집가다'라는 뜻이다. 괘형으로 '귀매괘'를 다시 보자. 위에 '성인인 남자[☳]'가 있고, 아래에 '어린 소녀[☱]'가 있다. 그래서 "䷵"이다. 곧, 이것은 어린 소녀가 성인 남자를 따라가는 것을 말한다. 이때 '따라가다'라는 것은 '시집가다'라는 뜻이다. 괘형에서 위에 있는 '☳'는 '양괘'이며, 아래에 있는 '☱'는 음괘가 된다. 그러면서 '양괘'는 '성인 남자'이고, '음괘'는 '어린 여자'가 된다. 이에 관한 자세한 내용은 『설괘전』(책인숲, 2015: 145-146)을 참조하라. '漸'이 '점차 나아가는 것'이라면, '歸妹'에서 '歸'는 '돌아온다'는 뜻이다. 나아가는 것이 있으면, 반드시 돌아오는 것이 있다. 그래서 '점괘' 다음에 '귀매괘'로 받았다.

55 豊풍 | ABUNDANCE

55

震진 ䷶ 雷뢰

離리 火화

雷火豊 뇌화풍

㉟ ䷶

得其所歸者　必大
_{득 기 소 귀 자　필 대}

故　受之以豊
_{고　수 지 이 풍}

豊者　大也
_{풍 자　대 야}

그 돌아갈 바를 얻은 사람은 반드시 크다.
그러므로 풍괘로써 그것을 받았다.
풍이란 큰 것이다.

| 번 | 역 | 순 | 서 |

4	1	3	2	5		6	7
得	其	所	歸	者		必	大
얻을	그	바	돌아갈	사람		반드시	클
득	기	소	귀	자		필	대

8		12	11	10	9
故		受	之	以	豊
그러므로		받을	그것	~로써	괘이름
고		수	지	이	풍

- 넉넉하다.
- 크다.
- 많다.

13	14		15	16
豊	者		大	也
괘이름	~란		클	~이다
풍	자		대	야

그 돌아갈 바를 얻은 사람은 반드시 크다.
그러므로 풍괘로써 그것을 받았다.
풍이란 큰 것이다.

| 톺 | 아 | 보 | 기 |

5 者자　사람.

6 必필　반드시.

11 之지　그것. 여기서는 귀매괘.

9,13 豊풍　괘이름.

> 象曰상왈 雷電皆至뢰전개지 豊풍
> '괘의-상징적-의미[象]'는 이러하다. 천둥과 번개가 함께 일어나니 풍이다.
> 　정이는 위 내용을 이렇게 풀었다.
> 　雷電皆至뢰전개지 明震竝行也명진병행야 二體相合이체상합 故云皆至고운개지 明動相資명동상자 成豊之象성풍지상 천둥과 번개가 함께 일으켜 빛과 진동이 나란히 일어난다. 두 형체가 서로 합한다. 그러므로 함께 일으킨다고 말한다. 빛과 움직임이 서로 의지하니 풍요를 이룬 모습이다.
> 　* 천둥과 번개가 함께 작동한다!

'豊풍'은 '넉넉하다', '가득하다', '성하다', '많다', '크다' 등의 뜻으로 '풍년'을 말한다. 여기에서 '풍요'와 '번영'이라는 뜻도 생겨난다. 만물이 돌아갈 곳이 있어 돌아간 뒤에 모이게 되면 그 크기가 성대해진다. 그러므로 '귀매괘' 다음에 '풍괘'로 받았다.

~14 者자 ···**16 也**야　~란 ···이다.

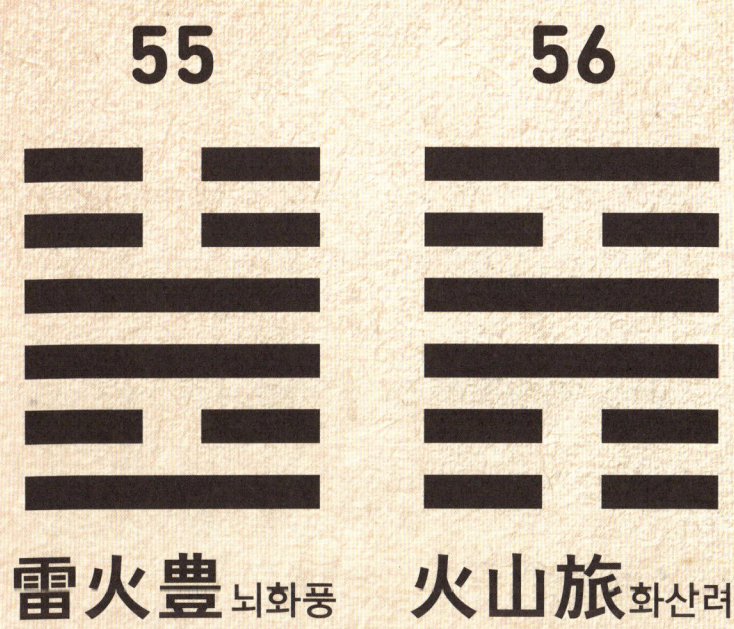

 55번괘와 56번괘는 하나의 순서쌍pairing을 이루면서 둘 사이에는 종괘의 관계가 있다.

 綜卦종괘란 하나의 괘를 180° 회전시켜 상하를 완전히 뒤집어 놓은 것이다.

56 旅려 | WANDERER

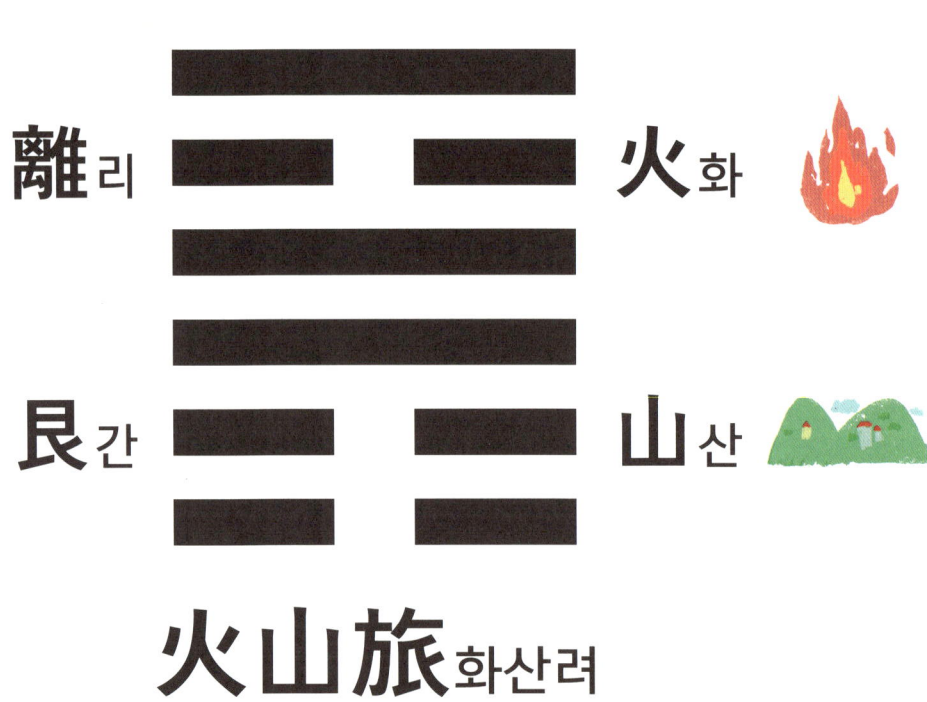

56

離리　　火화

艮간　　山산

火山旅화산려

㊹ ䷷

^궁窮 ^대大 ^자者 ^필必 ^실失 ^기其 ^거居

^고故 ^수受 ^지之 ^이以 ^려旅

크기를 다한 사람은 반드시 그 거처하는 곳을 잃는다.
그러므로 여괘로써 그것을 받았다.

번역순서

2	1	3	4	7	5	6
窮	大	者	必	失	其	居
다할	크기	사람	반드시	잃을	그	거처하는 곳
궁	대	자	필	실	기	거

8	12	11	10	9		
故	受	之	以	旅		
그러므로	받을	그것	~로써	괘이름		
고	수	지	이	려		

- 여행하다.
- 나그네로 살다.

크기를 다한 사람은 반드시 그 거처하는 곳을 잃는다.
그러므로 여괘로써 그것을 받았다.

톺아보기

4 必필 반드시.

6 居거 거처하는 곳.

11 之지 그것. 여기서는 풍괘.

9 旅려 괘이름.

象日상왈 **山上有火**산상유화 **旅**려
'괘의-상징적-의미[象]'는 이러하다. 산 위에 불이 있으니 려이다.

   공영달은 위 내용을 이렇게 풀었다.
   火在山上화재산상 逐草而行축초이행 불이 산 위에 있어서 풀을 따라 번져나간다.
  * 산 위에 불이 나서 불길이 풀을 따라 이리저리 옮겨 다닌다!

   '旅려'는 '여행하다', '머물던 곳을 떠나서 이곳저곳 옮겨 다니다'라는 뜻이다. 여기서 '나그네', '여행자'라는 뜻도 생겨난다. 풍요로움의 성대함이 극에 이르면 그 자리를 잃고 이리저리 옮겨 다니게 된다. 그래서 '풍괘' 다음에 '여괘'로 받았다.

57 巽손 | GENTLY PENETRATING

57

巽손　　　風풍

巽손　　　風풍

重風巽 중풍손

㊄

<ruby>旅<rt>여</rt></ruby> <ruby>而<rt>이</rt></ruby> <ruby>无<rt>무</rt></ruby> <ruby>所<rt>소</rt></ruby> <ruby>容<rt>용</rt></ruby>

<ruby>故<rt>고</rt></ruby> <ruby>受<rt>수</rt></ruby> <ruby>之<rt>지</rt></ruby> <ruby>以<rt>이</rt></ruby> <ruby>巽<rt>손</rt></ruby>

<ruby>巽<rt>손</rt></ruby> <ruby>者<rt>자</rt></ruby> <ruby>入<rt>입</rt></ruby> <ruby>也<rt>야</rt></ruby>

여행해서 받아들이는 곳이 없다.
그러므로 손괘로써 그것을 받았다.
손이란 들어가는 것이다.

번역순서

1	2	5	4	3
旅	而	无	所	容
여행할	~해서	없을	곳	받아들일
려	이	무	소	용

6	10	9	8	7
故	受	之	以	巽
그러므로	받을	그것	~로써	괘이름
고	수	지	이	손

- 들어가다.
- 순종하다.
- 공손하다.

11	12		13	14
巽	者		入	也
괘이름	~란		들	~이다
손	자		입	야

여행해서 받아들이는 곳이 없다.
그러므로 손괘로써 그것을 받았다.
손이란 들어가는 것이다.

톺아보기

~² 而이   ~해서.

⁵ 无무   없다. 無와 같은 의미.

⁹ 之지   그것. 여기서는 여괘.

⁷,¹¹ 巽손   괘이름.

> 象曰상왈 隨風수풍 巽손
> '괘의-상징적-의미[象]'는 이러하다. 바람이 이어지니 손이다.
>   『주역절중』에서 胡瑗호원은 위 내용을 이렇게 풀었다.
>   上下皆巽상하개손 如風之入物無所不至여풍지입물무소부지 無所不順무소불순 위와 아래가 모두 바람이다. 이를테면 바람은 만물 속으로 들어가 이르지 아니하는 바가 없고 복종시키지 아니하는 바가 없는 것과 같다.
> * 바람이 불면 모든 것은 바람에 순종한다!

'巽손'이란 '유순하다', '공손하다', '순종하다'라는 뜻으로 '사양하고 물러나는 유순한 모습'을 말한다. 타향을 전전하는 나그네가 유순하고 공손하지 않으면 그를 받아주질 않는다. 그래서 '여괘' 다음에 '손괘'로 받았다.

~¹² 者자 …¹⁴ 也야   ~란 …이다.

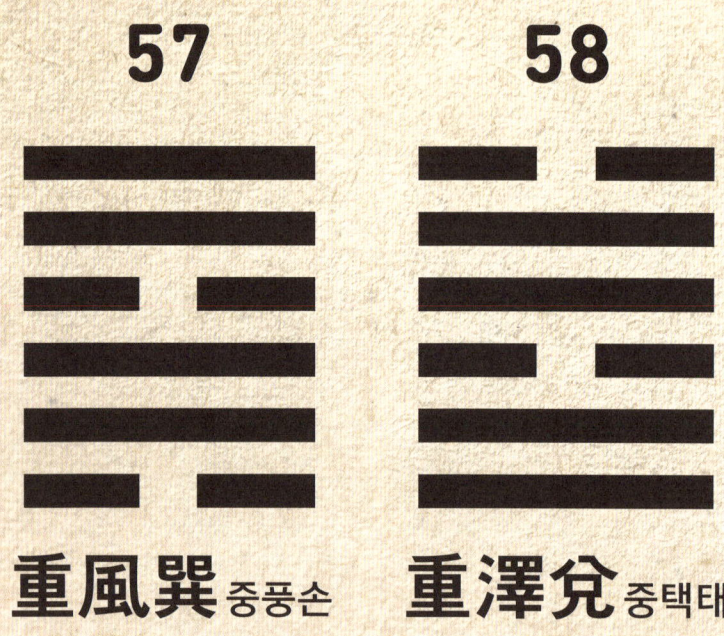

 57번괘와 58번괘는 하나의 순서쌍pairing을 이루면서 둘 사이에는 종괘의 관계가 있다.

 綜卦종괘란 하나의 괘를 180° 회전시켜 상하를 완전히 뒤집어 놓은 것이다.

58 兌태 | JOYFULNESS

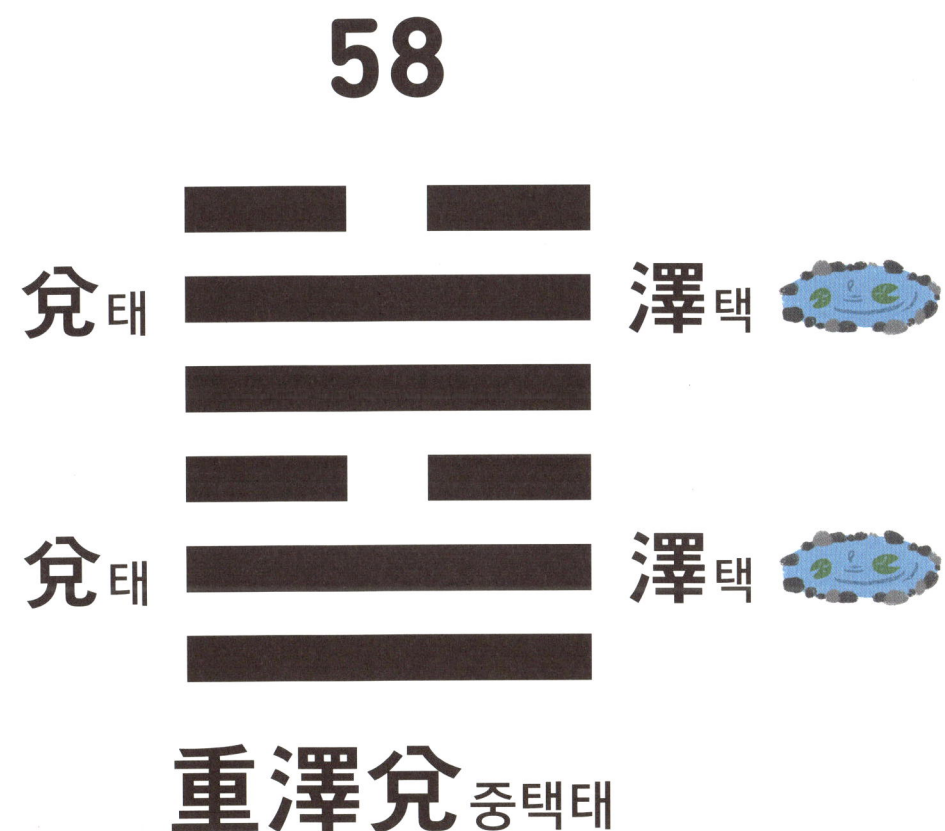

58 ䷹

입 이 후   열 지
入而後　說之

고　수 지 이 태
故　受之以兌

태 자　열 야
兌者　說也

들어간 이후에 기뻐한다.
그러므로 태괘로써 그것을 받았다.
태란 기쁜 것이다.

번역순서

1	2		3	4
入	而	後	說	之
들	이후에		기뻐할	어조사
입	이	후	열	지

5	9	8	7	6
故	受	之	以	兌
그러므로	받을	그것	~로써	괘이름
고	수	지	이	태

10	11	12	13
兌	者	說	也
괘이름	~란	기쁠	~이다
태	자	열	야

- 기뻐하다.
- 즐거워하다.

들어간 이후에 기뻐한다.
그러므로 태괘로써 그것을 받았다.
태란 기쁜 것이다.

톺아보기

~² 而後이후   ~이후에.

³ 說열   기뻐하다.

⁴ 之지   주로 접미사로 쓰여 실제 작용이 없는 지시대명사로 쓰임.

⁸ 之지   그것. 여기서는 손괘.

⁶,¹⁰ 兌태   괘이름.

> **象曰상왈 麗澤려택 兌태**
> '괘의-상징적-의미[象]'는 이러하다. 짝지어진 연못이 태이다.
>
> 정이는 위 내용을 이렇게 풀었다.
> 兩澤相麗양택상려 交相浸潤교상침윤 互有滋益之象호유자익지상 두 연못이 서로 짝을 지어 왕래하며 서로 차츰 차츰 스며드니 서로 번성하고 이익이 있는 모습이다.
> * 두 연못이 서로 물을 대준다!

> '兌태'는 '기뻐하다', '즐거워하다'라는 뜻인데, 여기서 '기쁨'이라는 뜻이 생긴다. 어떤 사람이 공손하면 이를 본 사람은 기뻐한다. 그러므로 '손괘' 다음에 '태괘'로 받았다.

¹² 說열   기쁨.

~¹¹ 者자 …¹³ 也야   ~란 …이다.

59 渙환 | DISPERSAL

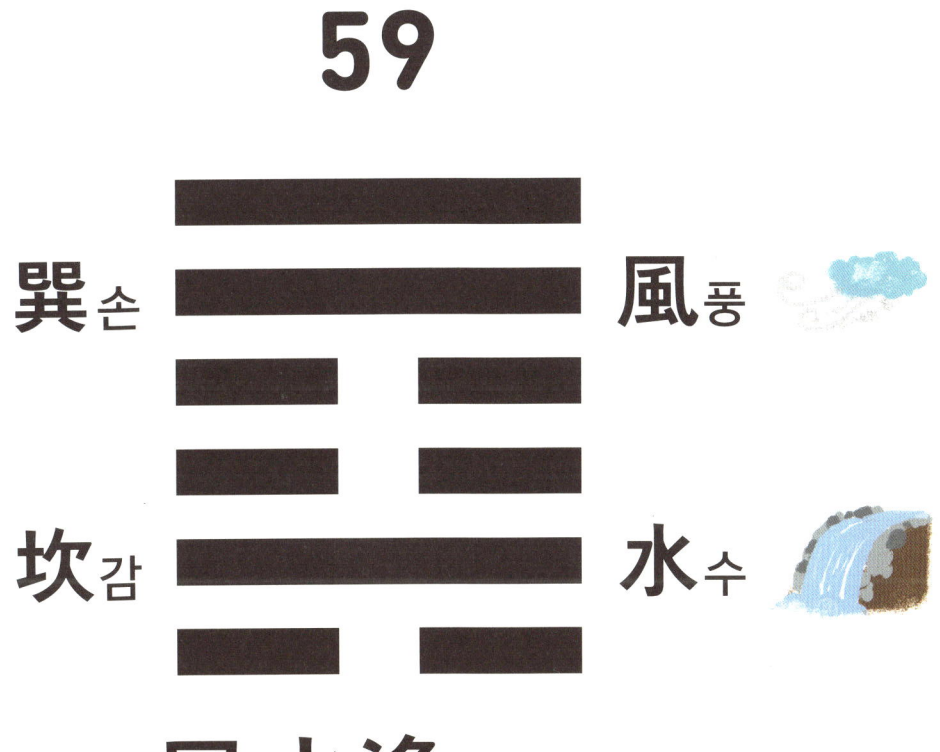

巽손　風풍
坎감　水수

風水渙풍수환

59 ䷺

說^열而^이後^후 散^산之^지

故^고 受^수之^지以^이渙^환

渙^환者^자 離^리也^야

기뻐하고 나서 흩어진다.
그러므로 환괘로써 그것을 받았다.
환이란 흩어지는 것이다.

| 번 | 역 | 순 | 서 |

1 說 기뻐할 열
2 而後 ~하고 나서 이 후
3 散 흩어질 산
4 之 어조사 지

5 故 그러므로 고
9 受 받을 수
8 之 그것 지
7 以 ~로써 이
6 渙 괘이름 환

- 흩어지다.
- 발산하다.

10 渙 괘이름 환
11 者 ~란 자
12 離 흩어질 리
13 也 ~이다 야

기뻐하고 나서 흩어진다.
그러므로 환괘로써 그것을 받았다.
환이란 흩어지는 것이다.

톺아보기

~² 而後이후   ~하고 나서.

⁴ 之지   주로 접미사로 쓰여 실제 작용이 없는 지시 대명사.

⁸ 之지   그것. 여기서는 태괘.

6,10 渙환   괘이름.

> **象曰상왈 風行水上풍행수상 渙환**
> '괘의-상징적-의미[象]'는 이러하다. 바람이 물 위에서 부니 환이다.
>   정이는 위 내용을 이렇게 풀었다.
>   風行於水上풍행어수상 水遇風則渙散수우풍즉환산 所以爲渙也소이위환야 바람이 물 위에서 불어온다. 물이 바람을 만나면 분산되어 모이지 아니하니 흩어지게 되는 까닭이다.
>   * 물 위에서 바람이 부니 물이 흩어진다!

'渙환'은 '흩어지다', '발산하다'라는 뜻인데, 이것은 '뿔뿔이 흩어지는 모습'이다. 어떤 사안에 대하여 사람들이 기뻐한 뒤에는 흥분이 가라앉고 사람들은 모두 뿔뿔이 흩어지게 된다. 그래서 '태괘' 다음에 '환괘'로 받았다.

~¹¹ 者자 …¹³ 也야   ~란 …이다.

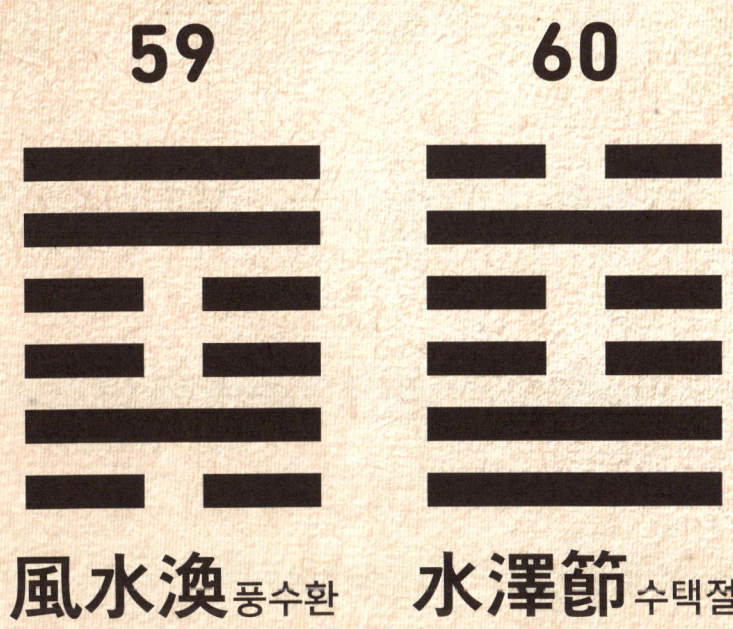

59　　　　　　60
風水渙 풍수환　　水澤節 수택절

 59번괘와 60번괘는 하나의 순서쌍 pairing을 이루면서 둘 사이에는 종괘의 관계가 있다.

 綜卦종괘란 하나의 괘를 180° 회전시켜 상하를 완전히 뒤집어 놓은 것이다.

60 節 절 | FRUGALITY

水澤節 수택절

(60) ䷻

물 불 가 이 종 리
物不可以終離

고 수 지 이 절
故 受之以節

만물은 마침내 흩어질 수 없다.

그러므로 절괘로써 그것을 받았다.

번역순서

만물은 마침내 흩어질 수 없다.
그러므로 절괘로써 그것을 받았다.

톺아보기

1 物물 만물萬物. 이 세상에 있는 모든 것.

4 不可以불가이~ ~할 수 없다.

2 終종 결국, 마침내.

8 之지 그것. 여기서는 환괘.

6 節절 괘이름.

象曰상왈 澤上有水택상유수 節절
'괘의-상징적-의미[象]'는 이러하다. 연못 위에 물이 있으니 절이다.

정이는 위 내용을 이렇게 풀었다.
澤之容有限택지용유한 澤上置水택상치수 滿則不容만즉불용 爲有節之象위유절지상 연못의 용량에는 한계가 있다. 연못 위에 물을 담아 가득차면 담을 수 없다. [절은] 절제 있는 모습이 된다.
* 연못물이 흘러넘치지 않도록 하라!

'節절'은 '줄이다', '절제하다', '단속하다', '검소하다', '알맞게 하다'라는 뜻으로 이 점 때문에 여기서 '절제'와 '절도'가 생겨난다. 민심이 흩어져 떠나가면 그러지 못하도록 자신을 마땅히 조절하여 절제해야 한다. 그러므로 '환괘' 다음에 '절괘'로 받았다.

61

中孚 중부 | INNER TRUTH

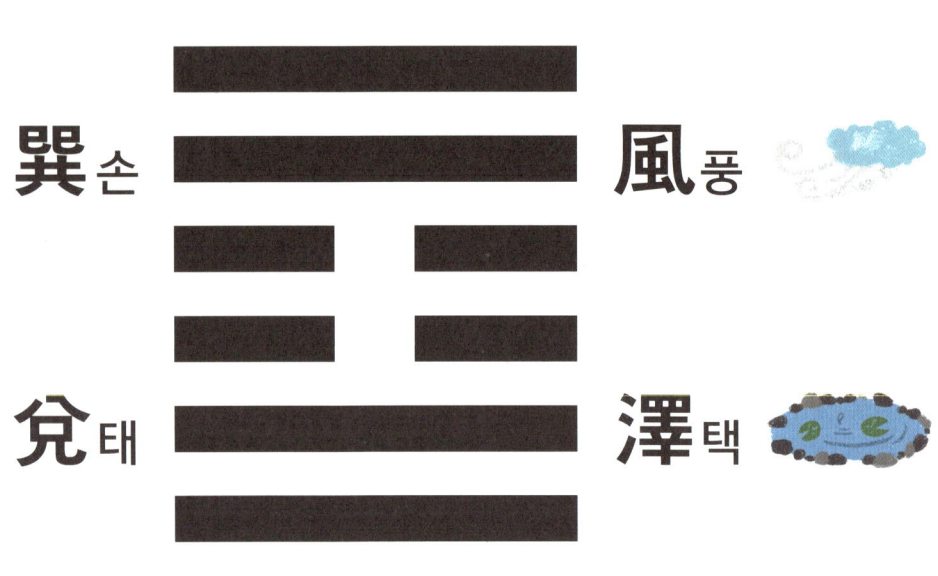

巽손　　風풍
兌태　　澤택

風澤中孚 풍택중부

61 ䷼

절 이 신 지
節而信之

고　수 지 이 중 부
故　受之以中孚

절제해서 믿는다.
그러므로 중부괘로써 그것을 받았다.

| 번 | 역 | 순 | 서 |

```
  1   2   3   4
  節  而  信  之
절제할 ~해서 믿을 어조사
  절   이   신   지

  5       9   8   7   ┌─ 6 ─┐
  故      受  之  以  中   孚
그러므로  받을 그것 ~로써  괘이름
  고      수   지   이   중   부
```

· 中: 마음, 孚: 미덥다.
· 마음 속의 진실한 믿음

절제해서 믿는다.
그러므로 중부괘로써 그것을 받았다.

| 톺 | 아 | 보 | 기 |

2 而이 ~해서.

4 之지 주로 접미사로 쓰여 실제 작용이 없는 지시대명사.

8 之지 그것. 여기서는 절괘.

6 中孚중부 괘이름.

象曰상왈 **澤上有風**택상유풍 **中孚**중부
'괘의-상징적-의미[象]'는 이러하다. 연못 위에 바람이 있으니 중부다.

정이는 위 내용을 이렇게 풀었다.
澤上有風택상유풍 風行澤上풍행택상 而感于水中이감우수중 爲中孚之象위중부지상 연못 위에 바람이 있다. 바람이 연못 위에서 부니 물속이 감응한다. 중부의 모습이 된다.
* 바람이 물속을 감동시킨다!

'中孚중부'에서 '中'은 '마음'이라는 뜻이고, '孚'는 '미쁘다진실하다', '참되고 믿음이 있다'라는 뜻이다. 여기서 '마음속의-진실한-믿음[中-孚]'이 생겨났다. 윗사람이 절제하고 조절하여 진실함을 보여주면 아랫사람이 믿고 따른다. 그래서 '절괘' 다음에 '중부괘'로 받았다.

61
62

風澤中孚 풍택중부　　　雷山小過 뇌산소과

 61번괘와 62번괘는 하나의 순서쌍pairing을 이루면서 둘 사이에는 착괘의 관계가 있다.

 錯卦착괘란 괘에서 음[--]과 양[—]의 기호의 변환을 말하는 것으로 각각 효의 기호가 '음[--]이면 양[—]으로', '양[—]이면 음[--]으로' 바뀌는 것이다.

62 小過 소과 | SLIGHTLY EXCESSIVE

雷山小過 뇌산소과

㊷ ䷽

<small>유 기 신 자 필 행 지</small>
有其信者必行之

<small>고   수 지 이 소 과</small>
故　受之以小過

그 믿음이 있는 사람은 반드시 그것을 행한다.
그러므로 소과괘로써 그것을 받았다.

번역순서

3	1	2	4	5	7	6
有	其	信	者	必	行	之
있을	그	믿을	사람	반드시	행할	그것
유	기	신	자	필	행	지

8	12	11	10	9	
故	受	之	以	小	過
그러므로	받을	그것	~로써	괘이름	
고	수	지	이	소	과

- 조금 지나치다.
- 조그마한 잘못이나 실수

그 믿음이 있는 사람은 반드시 그것을 행한다.
그러므로 소과괘로써 그것을 받았다.

톺아보기

6 之지   그것. 여기서는 믿음.

11 之지   그것. 여기서는 중부괘.

9 小過소과   괘이름.

> **象日**상왈 **山上有雷**산상유뢰 **小過**소과
> '괘의-상징적-의미[象]'는 이러하다. 산 위에 천둥이 있으니 소과다.
>
> 　　정이는 위 내용을 이렇게 풀었다.
> 　　山上有雷산상유뢰 雷震於高뢰진어고 其聲過常기성과상 故爲小過고위소과 산 위에 천둥이 있다. 천둥이 높은 위치에서 진동하여 그 소리가 보통을 넘는다. 그러므로 소과가 된다.
> 　　* 천둥이 평소 보다 높은데서 친다!

'小過소과'에서 '小'는 '조금'을 뜻하고, '過'는 '지나치다'라는 뜻이다. 그래서 '소과'는 '조금[小]-지나치다[過]'라는 뜻이다. 여기서 더 나아가 '소과'란 '조그마한 잘못이나 실수'를 말한다. 옛날 동양인들은 천둥이란 땅속에서 작용하는 것으로 믿었다. 그런데 지금 천둥은 땅속을 벗어나 산 위에서 출현하니 그 정도를 벗어난 것으로 보는 것이다. 사람이 진실한 믿음을 갖고 일을 처리하다 보면 조그마한 실수를 하기 마련이다. 그래서 '중부괘' 다음에 '소과괘'로 받았다.

63 既濟 기제 | ALREADY ENDING

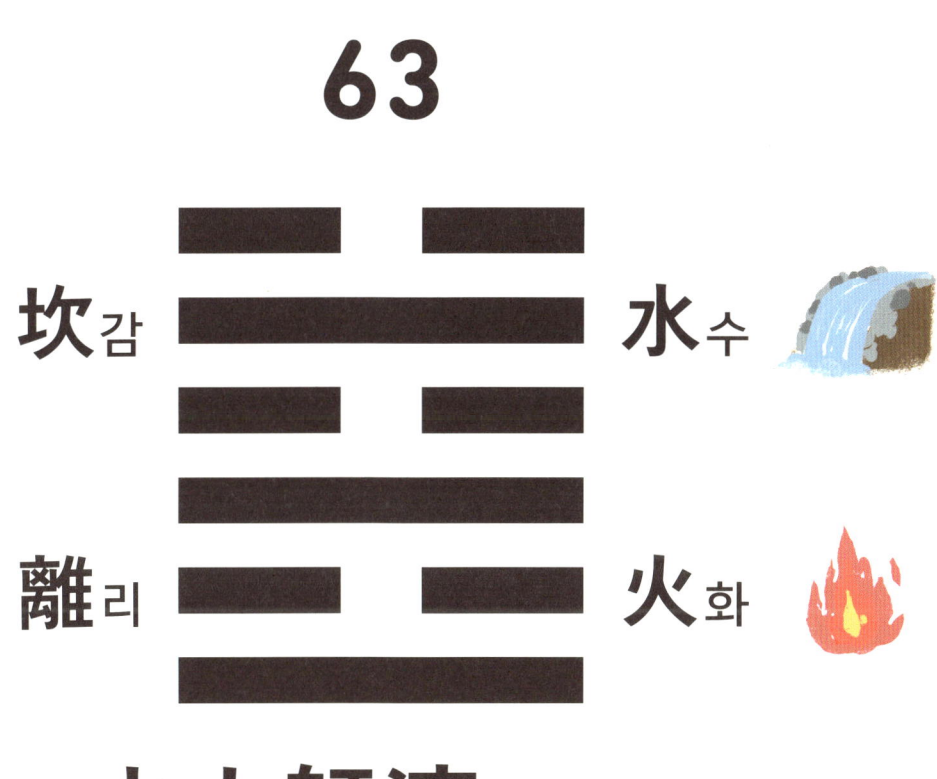

水火既濟 수화기제

(63) ䷾

유 과 물 자 필 제

有過物者 必濟

고 수 지 이 기 제

故 受之以旣濟

만물에 허물이 있는 것도 반드시 끝난다.

그러므로 기제괘로써 그것을 받았다.

번역순서

3	2	1	4		5	6
有	過	物	者		必	濟
있을	허물	만물	것		반드시	끝날
유	과	물	자		필	제

7		11	10	9	8	
故		受	之	以	旣	濟
그러므로		받을	그것	~로써	괘이름	
고		수	지	이	기제	

- 이미 물을 건너다.
- 이미 끝나다.

만물에 허물이 있는 것도 반드시 끝난다.
그러므로 기제괘로써 그것을 받았다.

톺아보기

1 物물 만물萬物. 이 세상에 있는 모든 것.

4 者자 ~것.

10 之지 그것. 여기서는 소과괘.

8 旣濟기제 괘이름.

象曰상왈 **水在火上**수재화상 **旣濟**기제
'괘의-상징적-의미[象]'는 이러하다. 물이 불 위에 있으니 기제다.

> 정이는 위 내용을 이렇게 풀었다.
>
> 水火旣交수화기교 各得其用각득기용 爲旣濟위기제 물과 불이 이미 왕래하여 각각 그 작용을 얻었다. 이미 끝난 것이 된다.
>
> * 물은 위에서 아래로 흘러내리고 불은 아래에서 위로 타오른다! 이렇게 둘이 상호작용하여 결과물을 만들었다.

'旣濟기제'에서 우선 '旣'는 '이미'라는 뜻이고, '濟'는 '물을 건너다', '끝나다', '해결되다', '이루다', '성취하다'라는 뜻이다. 곧, '기제'란 '이미-물을-건너갔다'이다. 따라서 '기제'란 '일이-이미-끝남'이다. 여기서 더 나아가 '성취', '완성'이라는 뜻도 '기제'에서 생겨난다. 조그만 허물이 있더라도 만물에는 반드시 끝이 있게 마련이다. 그래서 '소과괘' 다음에 '기제괘'로 받았다.

63 　　　　　　　64

水火旣濟 수화기제　　火水未濟 화수미제

☞ 63번괘와 64번괘는 하나의 순서쌍pairing을 이루면서 둘 사이에는 착괘와 종괘의 관계가 있다.

☞ 錯卦착괘란 괘에서 음[- -]과 양[—]의 기호의 변환을 말하는 것으로 각각 효의 기호가 '음[- -]이면 양[—]으로', '양[—]이면 음[- -]으로' 바뀌는 것이다.

☞ 綜卦종괘란 하나의 괘를 180° 회전시켜 상하를 완전히 뒤집어 놓은 것이다.

64 未濟 미제 | NOT YET ENDING

火水未濟 화수미제

㉔ ䷿

<ruby>物<rt>물</rt></ruby> <ruby>不<rt>불</rt></ruby> <ruby>可<rt>가</rt></ruby> <ruby>窮<rt>궁</rt></ruby> <ruby>也<rt>야</rt></ruby>

<ruby>故<rt>고</rt></ruby> <ruby>受<rt>수</rt></ruby><ruby>之<rt>지</rt></ruby><ruby>以<rt>이</rt></ruby><ruby>未<rt>미</rt></ruby><ruby>濟<rt>제</rt></ruby> <ruby>終<rt>종</rt></ruby><ruby>焉<rt>언</rt></ruby>

만물은 다할 수 없다.
그러므로 미제괘로써 그것을 받았다. 끝이다.

번역순서

1	3	2	4
物	不可	窮	也
만물	~할 수 없다	다할	~이다
물	불가	궁	야

5	9	8	7	6	10	11
故	受	之	以	未濟	終	焉
그러므로	받을	그것	~로써	괘이름	끝	~이다
고	수	지	이	미제	종	언

- 아직 물을 건너지 못하다.
- 아직 끝나지 않다.

만물은 다할 수 없다.
그러므로 미제괘로써 그것을 받았다. 끝이다.

톺아보기

¹ **物물** 만물萬物. 이 세상에 있는 모든 것.

³ **不可불가~** ~할 수 없다.

⁸ **之지** 그것. 여기서는 기제괘.

⁶ **未濟미제** 괘이름.

象曰상왈 **火在水上**화재수상 **未濟**미제
'괘의-상징적-의미[象]'는 이러하다. 불이 물 위에 있으니 미제다.

정이는 위 내용을 이렇게 풀었다.

火在水上화재수상 不相爲用불상위용 故爲未濟고위미제 불이 물 위에 있으니 서로 작용하지 않는다. 그러므로 아직 끝나지 않은 것이 된다.

* 아래에 있어야 할 불이 위에 있고, 위에 있어야 할 물이 아래에 있다! 이렇게 둘이 교류하지 않아 아직 어떤 결과물도 만들지 못했다.

'未濟미제'에서 '未'란 '아직 ~하지 않다'라는 뜻이고 '濟'란 '물을 건너다', '끝나다', '해결되다', '이루다', '성취하다'라는 뜻이다. 따라서 '미제'는 '일이-아직-이루어지지-않다'라는 뜻이다. 곧, '일의-처리가-아직-끝나지-않음'이 '未-濟'다. 이러한 점 때문에 '미제'에서 '미완성', '미성취'라는 뜻도 생겨난다. 어떤 일이 설사 끝났다 하더라도 易의 운동 차원에서 보면 일이 끝난 것이 아니다. 그것에는 영원한 변화만 있을 뿐이다[生生之謂易]. 이것이 이른바 '生生不已생기고 생겨나 멈추지 않는다'다. 그래서 끝이 아니다. 이러한 점 때문에 '기제괘' 다음에 '미제괘'로 받았다.

10 終종 끝.

☞ ~也와 ~焉의 공통점과 차이점
- **~⁴也** 文末문말의 어기사로 긍정과 확인을 나타냄.
- **~¹¹焉** 文末문말의 어기사로 서술과 주의를 나타냄.

부록

* **正譯本** 정역본
* **原文集成** 원문집성
* 참고도서

| 정역본 |

序卦傳 서괘전

上經 상경

1. 重天乾 중천건
2. 重地坤 중지곤

有天地然後 萬物生焉
유천지연후 만물생언

盈天地之間者唯萬物
영천지지간자유만물

> 천지가 있은 뒤에야 만물이 생겨난다.
> 천지 사이에 차 있는 것은 오직 만물이다.

3. 水雷屯 수뢰둔

故 受之以屯 屯者 盈也
고 수지이둔 둔자 영야

屯者 物之始生也
둔자 물지시생야

> 그러므로 둔괘로써 그것을 받았다.
> 둔이란 가득 찬 것이다.
> 둔이란 만물이 처음 생겨나는 것이다.

4. 山水蒙 산수몽

物生必蒙　故　受之以蒙
물 생 필 몽　고　수 지 이 몽

蒙者　蒙也　物之穉也
몽 자　몽 야　물 지 치 야

만물이 생겨나면 어리다.
그러므로 몽괘로써 그것을 받았다.
몽이란 어린 모양이니 만물의 어림이다.

5. 水天需 수천수

物穉不可不養也　故　受之以需
물 치 불 가 불 양 야　고　수 지 이 수

需者　飮食之道也
수 자　음 식 지 도 야

만물이 어리니 마땅히 자라게 해야 한다.
그러므로 수괘로써 그것을 받았다.
수란 음식의 도이다.

6. 天水訟 천수송

飮食必有訟　故　受之以訟
음 식 필 유 송　고　수 지 이 송

음식에는 반드시 서로 다툼이 있다.
그러므로 송괘로써 그것을 받았다.

7. 地水師 지수사

訟必有衆起
송 필 유 중 기

故 受之以師 師者 衆也
고 수 지 이 사 사 자 중 야

> 서로 다툼에는 반드시 많은 무리가 있다.
> 그러므로 사괘로써 그것을 받았다.
> 사란 무리이다.

8. 水地比 수지비

衆必有所比
중 필 유 소 비

故 受之以比 比者 比也
고 수 지 이 비 비 자 비 야

> 무리는 반드시 돕는 바가 있다.
> 그러므로 비괘로써 그것을 받았다.
> 비란 돕는 것이다.

9. 風天小畜 풍천소축

比必有所畜 故 受之以小畜
비 필 유 소 축 고 수 지 이 소 축

> 도움에는 반드시 쌓이는 바가 있다.
> 그러므로 소축괘로써 그것을 받았다.

10. 天澤履 천택리

物畜然後 有禮 故 受之以履
물 축 연 후 유 례 고 수 지 이 리

> 만물이 쌓인 뒤에야 예가 있다.
> 그러므로 이괘로써 그것을 받았다.

11. 地天泰 지천태

履而泰然後 安
리 이 태 연 후 안

故 受之以泰 泰者 通也
고 수 지 이 태 태 자 통 야

> 실천하여 통달한 뒤에야 편안하다.
> 그러므로 태괘로써 그것을 받았다.
> 태란 통하는 것이다.

12. 天地否 천지비

物不可以終通 故 受之以否
물 불 가 이 종 통 고 수 지 이 비

> 만물은 결국 통할 수 없다.
> 그러므로 비괘로써 그것을 받았다.

13. 天火同人 천화동인

物不可以終否 故 受之以同人
물불가이종비 고 수지이동인

> 만물은 결국 막힐 수 없다.
> 그러므로 동인괘로써 그것을 받았다.

14. 火天大有 화천대유

與人同者 物必歸焉
여인동자 물필귀언

故 受之以大有
고 수지이대유

> 남과 함께 하는 사람은 만물이 반드시 따른다.
> 그러므로 대유괘로써 그것을 받았다.

15. 地山謙 지산겸

有大者 不可以盈 故 受之以謙
유대자 불가이영 고 수지이겸

> 다 가진 사람은 채울 수 없다.
> 그러므로 겸괘로써 그것을 받았다.

16. 雷地豫 뇌지예

有大而能謙必禮 故 受之以豫
유 대 이 능 겸 필 례   고   수 지 이 예

> 모두 가지니 겸손할 수 있고 반드시 예우한다.
> 그러므로 예괘로써 그것을 받는다.

17. 澤雷隨 택뢰수

豫必有隨 故 受之以隨
예 필 유 수   고   수 지 이 수

> 즐거우면 따르는 사람이 있다.
> 그러므로 수괘로써 그것을 받았다.

18. 山風蠱 산풍고

以喜隨人者 必有事
이 희 수 인 자   필 유 사

故 受之以蠱 蠱者 事也
고   수 지 이 고   고 자   사 야

> 즐겁게 남이 따르는 것은 반드시 일이 있다.
> 그러므로 고괘로써 그것을 받았다.
> 고란 일이다.

19. 地澤臨 지택림

有事而後　可大
유 사 이 후　가 대

故　受之以臨　臨者　大也
고　수 지 이 림　림 자　대 야

> 일이 있은 이후에 크게 할 수 있다.
> 그러므로 임괘로써 그것을 받았다.
> 임이란 큰 것이다.

20. 風地觀 풍지관

物大然後　可觀　故　受之以觀
물 대 연 후　가 관　고　수 지 이 관

> 만물이 큰 뒤에야 볼 수 있다.
> 그러므로 관괘로써 그것을 받았다.

21. 火雷噬嗑 화뢰서합

可觀而後　有所合
가 관 이 후　유 소 합

故　受之以噬嗑　嗑者　合也
고　수 지 이 서 합　합 자　합 야

> 볼 수 있은 이후에 합하는 바가 있다.
> 그러므로 서합괘로써 그것을 받았다.
> 합이란 합하는 것이다.

22. 山火賁 산화비

物不可以苟合而已
물 불 가 이 구 합 이 이

故 受之以賁 賁者 飾也
고 수 지 이 비 비 자 식 야

> 만물은 구차하게 합할 수 없을 뿐이다.
> 그러므로 비괘로써 그것을 받았다.
> 비란 꾸미는 것이다.

23. 山地剝 산지박

致飾然後 亨則盡矣
치 식 연 후 형 즉 진 의

故 受之以剝 剝者 剝也
고 수 지 이 박 박 자 박 야

> 꾸밈을 이룬 뒤에야 형통하니 모두 다한다.
> 그러므로 박괘로써 그것을 받았다.
> 박이란 깍아내는 것이다.

24. 地雷復 지뢰복

物不可以終盡 剝
물 불 가 이 종 진 박

窮上反下 故 受之以復
궁 상 반 하 고 수 지 이 복

> 만물은 결국 다할 수 없다.
> 박은 위에서 다하니 아래로 되돌아간다.
> 그러므로 복괘로써 그것을 받았다.

25. 天雷无妄 천뢰무망

復則不妄矣 故 受之以无妄
복즉불망의 고 수지이무망

> 돌아오니 모두 헛됨이 없다.
> 그러므로 무망괘로써 그것을 받았다.

26. 山天大畜 산천대축

有无妄然後 可畜
유 무 망 연 후 가 축

故 受之以大畜
고 수 지 이 대 축

> 무망이 있은 뒤에야 쌓을 수 있다.
> 그러므로 대축괘로써 그것을 받았다.

27. 山雷頤 산뢰이

物畜然後 可養
물 축 연 후 가 양

故 受之以頤 頤者 養也
고 수 지 이 이 이 자 양 야

> 만물이 쌓인 뒤에야 기를 수 있다.
> 그러므로 이괘로써 그것을 받았다.
> 이란 기르는 것이다.

28. 澤風大過택풍대과

不養則不可動　故　受之以大過
불 양 즉 불 가 동　고　수 지 이 대 과

> 기르지 않으면 곧 움직이지 못한다.
> 그러므로 대과괘로써 그것을 받았다.

29. 重水坎중수감

物不可以終過
물 불 가 이 종 과

故　受之以坎　坎者　陷也
고　수 지 이 감　감 자　함 야

> 만물은 결국 지나칠 수 없다.
> 그러므로 감괘로써 그것을 받았다. 감이란 빠짐이다.

30. 重火離중화리

陷必有所麗
함 필 유 소 려

故　受之以離　離者　麗也
고　수 지 이 리　리 자　려 야

> 빠지면 붙는 바가 있다.
> 그러므로 이괘로써 그것을 받았다.
> 이란 붙는 것이다.

下經 하경

31. 澤山咸 택산함

有天地然後 有萬物
유천지연후 유만물

有萬物然後 有男女
유만물연후 유남녀

有男女然後 有夫婦
유남녀연후 유부부

有夫婦然後 有父子
유부부연후 유부자

有父子然後 有君臣
유부자연후 유군신

有君臣然後 有上下
유군신연후 유상하

有上下然後 禮義有所錯
유상하연후 예의유소조

> 천지가 있은 뒤에야 만물이 있고, 만물이 있은 뒤에야 남녀가 있고, 남녀가 있은 뒤에야 부부가 있고, 부부가 있은 뒤에야 부자가 있고, 부자가 있은 뒤에야 군신이 있으며, 군신이 있은 뒤에야 상하가 있고, 상하가 있은 뒤에야 예의를 행하는 바가 있다.

32. 雷風恒 뇌풍항

夫婦之道不可以不久也
부 부 지 도 불 가 이 불 구 야

故 受之以恒 恒者 久也
고 수 지 이 항 항 자 구 야

> 부부의 도리는 오래가지 아니할 수 없다.
> 그러므로 항괘로써 그것을 받았다.
> 항이란 오래 견디는 것이다.

33. 天山遯 천산돈

物不可以久居其所
물 불 가 이 구 거 기 소

故 受之以遯 遯者 退也
고 수 지 이 돈 돈 자 퇴 야

> 만물은 그 곳에 오랫동안 있을 수 없다.
> 그러므로 돈괘로써 그것을 받았다. 돈이란 물러나는 것이다.

34. 雷天大壯 뇌천대장

物不可以終遯 故 受之以大壯
물 불 가 이 종 돈 고 수 지 이 대 장

> 만물은 결국 물러날 수 없다.
> 그러므로 대장괘로써 그것을 받았다.

35. 火地晉 화지진

物不可以終壯
물 불 가 이 종 장

故 受之以晉 晉者 進也
고 수 지 이 진 진 자 진 야

> 만물은 결국 성할 수 없다.
> 그러므로 진괘로써 그것을 받았다.
> 진이란 나아가는 것이다.

36. 地火明夷 지화명이

進必有所傷
진 필 유 소 상

故 受之以明夷 夷者 傷也
고 수 지 이 명 이 이 자 상 야

> 나아가니 반드시 상하는 바가 있다.
> 그러므로 명이괘로써 그것을 받았다. 이란 상하는 것이다.

37. 風火家人 풍화가인

傷於外者必反其家
상 어 외 자 필 반 기 가

故 受之以家人
고 수 지 이 가 인

> 밖에서 다친 사람은 반드시 그 집으로 되돌아간다.
> 그러므로 가인괘로써 그것을 받았다.

38. 火澤睽 화택규

家道 窮必乖
가 도 궁 필 괴

故 受之以睽 睽者 乖也
고 수 지 이 규 규 자 괴 야

> 가도가 다하면 어그러진다.
> 그러므로 규괘로써 그것을 받았다.
> 규란 어그러지는 것이다.

39. 水山蹇 수산건

乖必有難
괴 필 유 난

故 受之以蹇 蹇者 難也
고 수 지 이 건 건 자 난 야

> 어그러지면 어려움이 있다.
> 그러므로 건괘로써 그것을 받았다. 건이란 어려운 것이다.

40. 雷水解 뇌수해

物不可以終難
물 불 가 이 종 난

故 受之以解 解者 緩也
고 수 지 이 해 해 자 완 야

> 만물은 결국 어려울 수 없다.
> 그러므로 해괘로서 그것을 받았다. 해란 풀리는 것이다.

41. 山澤損 산택손

緩 必 有 所 失　故　受 之 以 損
완 필 유 소 실　고　수 지 이 손

> 풀리면 잃는 바가 있다.
> 그러므로 손괘로써 그것을 받았다.

42. 風雷益 풍뢰익

損 而 不 已　必 益　故　受 之 以 益
손 이 불 이　필 익　고　수 지 이 익

> 줄이면서도 그만두지 않으면 늘어난다.
> 그러므로 익괘루써 그것을 받았다

43. 澤天夬 택천쾌

益 而 不 已　必 決
익 이 불 이　필 결

故　受 之 以 夬　夬 者　決 也
고　수 지 이 쾌　쾌 자　결 야

> 늘어나면서도 그만두지 않으면 터진다.
> 그러므로 쾌괘로서 그것을 받았다.
> 쾌란 터지는 것이다.

44. 天風姤 천풍구

決必有所遇
결 필 유 소 우

故 受之以姤 姤者 遇也
고 수 지 이 구 구 자 우 야

> 헤어지면 만나는 바가 있다.
> 그러므로 구괘로써 그것을 받았다.
> 구란 만나는 것이다.

45. 澤地萃 택지췌

物相遇而後 聚
물 상 우 이 후 취

故 受之以萃 萃者 聚也
고 수 지 이 췌 췌 자 취 야

> 만물이 서로 만난 이후에 모인다.
> 그러므로 췌괘로써 그것을 받았다. 췌란 모이는 것이다.

46. 地風升 지풍승

聚而上者 謂之升
취 이 상 자 위 지 승

故 受之以升
고 수 지 이 승

> 모여서 올라가는 것, 그것을 승이라 말한다.
> 그러므로 승괘로써 그것을 받았다.

47. 澤水困 택수곤

升而不已 必困 故 受之以困
승 이 불 이 필 곤 고 수 지 이 곤

> 오르면서도 그만두지 않으면 곤란하다.
> 그러므로 곤괘로써 그것을 받았다.

48. 水風井 수풍정

困乎上者 必反下 故 受之以井
곤 호 상 자 필 반 하 고 수 지 이 정

> 위에서 곤란한 사람은 반드시 아래로 되돌아간다.
> 그러므로 정괘로써 그것을 받았다.

49. 澤火革 택화혁

井道不可不革 故 受之以革
정 도 불 가 불 혁 고 수 지 이 혁

> 우물로 가는 길은 마땅히 고치지 않을 수 없다.
> 그러므로 혁괘로써 그것을 받았다.

50. 火風鼎 화풍정

革物者　莫若鼎　故　受之以鼎
혁 물 자　막 약 정　고　수 지 이 정

> 만물을 변혁하는 것은 솥만한 것이 없다.
> 그러므로 정괘로써 그것을 받았다.

51. 重雷震 중뢰진

主器者　莫若長者
주 기 자　막 약 장 자

故　受之以震　震者　動也
고　수 지 이 진　진 자　동 야

> 보기를 주관하는 사람은 맏아들만한 사람이 없다.
> 그러므로 진괘로써 그것을 받았다.
> 진이란 움직이는 것이다.

52. 重山艮 중산간

物不可以終動　止之
물 불 가 이 종 동　지 지

故　受之以艮　艮者　止也
고　수 지 이 간　간 자　지 야

> 만물은 결국 움직일 수 없다. 그것을 멈추게 한다.
> 그러므로 간괘로써 그것을 받았다. 간이란 멈추는 것이다.

53. 風山漸 풍산점

物不可以終止
물불가이종지

故 受之以漸 漸者 進也
고 수지이점 점자 진야

> 만물은 결국 멈출 수 없다.
> 그러므로 점괘로써 그것을 받았다.
> 점이란 나아가는 것이다.

54. 雷澤歸妹 뇌택귀매

進必有所歸 故 受之以歸妹
진필유소귀 고 수지이귀매

> 나아가면 돌아가는 바가 있다.
> 그러므로 귀매괘로써 그것을 받았다.

55. 雷火豊 뇌화풍

得其所歸者 必大
득 기 소 귀 자 필 대

故 受之以豊 豊者 大也
고 수지이풍 풍자 대야

> 그 돌아갈 바를 얻은 사람은 반드시 크다.
> 그러므로 풍괘로써 그것을 받았다. 풍이란 큰 것이다.

56. 火山旅 화산려

窮大者　必失其居
궁 대 자　필 실 기 거

故　受之以旅
고　수 지 이 려

> 크기를 다한 사람은 반드시 그 거처하는 곳을 잃는다.
> 그러므로 여괘로써 그것을 받았다.

57. 重風巽 중풍손

旅而无所容
여 이 무 소 용

故　受之以巽　巽者　入也
고　수 지 이 손　손 자　입 야

> 여행해서 받아들이는 곳이 없다.
> 그러므로 손괘로써 그것을 받았다.
> 손이란 들어가는 것이다.

58. 重澤兌 중택태

入而後　說之
입 이 후　열 지

故　受之以兌　兌者　說也
고　수 지 이 태　태 자　열 야

> 들어간 이후에 기뻐한다.
> 그러므로 태괘로써 그것을 받았다. 태란 기쁜 것이다.

59. 風水渙 풍수환

說而後 散之
열 이 후 산 지

故 受之以渙 渙者 離也
고 수 지 이 환 환 자 리 야

> 기뻐하고 나서 흩어진다.
> 그러므로 환괘로써 그것을 받았다.
> 환이란 흩어지는 것이다.

60. 水澤節 수택절

物不可以終離 故 受之以節
물 불 가 이 종 리 고 수 지 이 절

> 만물은 마침내 흩어질 수 없다.
> 그러므로 절괘로써 그것을 받았다.

61. 風澤中孚 풍택중부

節而信之 故 受之以中孚
절 이 신 지 고 수 지 이 중 부

> 절제해서 믿는다.
> 그러므로 중부괘로써 그것을 받았다.

62. 雷山小過 뇌산소과

有其信者必行之
유 기 신 자 필 행 지

故　受之以小過
고　 수 지 이 소 과

> 그 믿음이 있는 사람은 반드시 그것을 행한다.
> 그러므로 소과괘로써 그것을 받았다.

63. 水火旣濟 수화기제

有過物者　必濟
유 과 물 자　 필 제

故　受之以旣濟
고　 수 지 이 기 제

> 만물에 허물이 있는 것도 반드시 끝난다.
> 그러므로 기제괘로써 그것을 받았다.

64. 火水未濟 화수미제

物不可窮也
물 불 가 궁 야

故　受之以未濟　終焉
고　 수 지 이 미 제　 종 언

> 만물은 다할 수 없다.
> 그러므로 미제괘로써 그것을 받았다. 끝이다.

| 原文集成 |

序卦傳

上經

1. 重天乾 · 2. 重地坤

有天地然後 萬物生焉 盈天地之間者唯萬物

3. 水雷屯

故 受之以屯 屯者 盈也 屯者 物之始生也

4. 山水蒙

物生必蒙 故 受之以蒙 蒙者 蒙也 物之穉也

5. 水天需

物穉不可不養也 故 受之以需 需者 飲食之道也

6. 天水訟

飲食必有訟 故 受之以訟

7. 地水師
訟必有衆起 故 受之以師 師者 衆也

8. 水地比
衆必有所比 故 受之以比 故 受之以比 比者 比也

9. 風天小畜
比必有所畜 故 受之以小畜

10. 天澤履
物畜然後 有禮 故 受之以履

11. 地天泰
履而泰然後 安 故 受之以泰 泰者 通也

12. 天地否
物不可以終通 故 受之以否

13. 天火同人
物不可以終否 故 受之以同人

14. 火天大有
與人同者 物必歸焉 故 受之以大有

15. 地山謙
有大者 不可以盈 故 受之以謙

16. 雷地豫
有大而能謙必禮 故 受之以豫

17. 澤雷隨
豫必有隨 故 受之以隨

18. 山風蠱
以喜隨人者 必有事 故 受之以蠱 蠱者 事也

19. 地澤臨

有事而後　可大　故　受之以臨　臨者　大也

20. 風地觀

物大然後　可觀　故　受之以觀

21. 火雷噬嗑

可觀而後　有所合　故　受之以噬嗑　嗑者　合也

22. 山火賁

物不可以苟合而已　故　受之以賁　賁者　飾也

23. 山地剝

致飾然後　亨則盡矣　故　受之以剝　剝者　剝也

24. 地雷復

物不可以終盡　剝　窮上反下　故　受之以復

25. 天雷无妄

復則不妄矣 故 受之以无妄

26. 山天大畜

有无妄然後 可畜 故 受之以大畜

27. 山雷頤

物畜然後 可養 故 受之以頤 頤者 養也

28. 澤風大過

不養則不可動 故 受之以大過

29. 重水坎

物不可以終過 故 受之以坎 坎者 陷也

30. 重火離

陷必有所麗 故 受之以離 離者 麗也

下經

31. 澤山咸
有天地然後 有萬物 有萬物然後 有男女
有男女然後 有夫婦 有夫婦然後 有父子
有父子然後 有君臣 有君臣然後 有上下
有上下然後 禮義有所錯

32. 雷風恒
夫婦之道不可以不久也 故 受之以恒 恒者 久也

33. 天山遯
物不可以久居其所 故 受之以遯 遯者 退也

34. 雷天大壯
物不可以終遯 故 受之以大壯

35. 火地晉
物不可以終壯 故 受之以晉 晉者 進也

36. 地火明夷
進必有所傷 故 受之以明夷 夷者 傷也

37. 風火家人
傷於外者必反其家 故 受之以家人

38. 火澤睽
家道 窮必乖 故 受之以睽 睽者 乖也

39. 水山蹇
乖必有難 故 受之以蹇 蹇者 難也

40. 雷水解
物不可以終難 故 受之以解 解者 緩也

41. 山澤損
緩必有所失 故 受之以損

42. 風雷益
損而不已 必益 故 受之以益

43. 澤天夬
益而不已 必決 故 受之以夬 夬者 決也

44. 天風姤
決必有所遇 故 受之以姤 姤者 遇也

45. 澤地萃
物相遇而後 聚 故 受之以萃 萃者 聚也

46. 地風升
聚而上者 謂之升 故 受之以升

47. 澤水困

升而不已 必困 故 受之以困

48. 水風井

困乎上者 必反下 故 受之以井

49. 澤火革

井道不可不革 故 受之以革

50. 火風鼎

革物者 莫若鼎 故 受之以鼎

51. 重雷震

主器者 莫若長者 故 受之以震 震者 動也

52. 重山艮

物不可以終動 止之 故 受之以艮 艮者 止也

53. 風山漸
物不可以終止 故 受之以漸 漸者 進也

54. 雷澤歸妹
進必有所歸 故 受之以歸妹

55. 雷火豐
得其所歸者 必大 故 受之以豐 豐者 大也

56. 火山旅
窮大者 必失其居 故 受之以旅

57. 重風巽
旅而无所容 故 受之以巽 巽者 入也

58. 重澤兌
入而後 說之 故 受之以兌 兌者 說也

59. 風水渙
說而後 散之 故 受之以渙 渙者 離也

60. 水澤節
物不可以終離 故 受之以節

61. 風澤中孚
節而信之 故 受之以中孚

62. 雷山小過
有其信者必行之 故 受之以小過

63. 水火旣濟
有過物者 必濟 故 受之以旣濟

64. 火水未濟
物不可窮也 故 受之以未濟 終焉

| 참고도서 |

■ 원전

『說文解字』

『易傳』

『周易本義』

『周易外傳』

『周易折中』

『周易正義』

■ 각종 공구서

강식진(편)(1993).『진명 중한대사전』. 서울: 진명출판사.

교학사 대한한사전편찬실(편)(2000).『교학 대한한사전』. 서울: 교학사.

김승동(편)(2006).『역사상사전』. 부산: 부산대학교출판부.

김원중(편)(2013).『한문해석사전』. 파주: 글항아리.

단국대학교 부설 동양학연구소(편)(2008).『한한대사전』. 용인: 단국대학교출판부.

동아출판사 한한대사전 출판부(편)(1993).『동아 한한대사전』. 서울: 동아출판사.

중중한사전편집위원회(편)(2015).『연세 중중한사전』. 서울: 연세대학교 대학출판문화원.

이용묵(편)(2001).『민중 엣센스 중국어사전』. 서울: 민중서림.

■ 기존 텍스트

이기동(역해)(2011).『주역강설』. 서울: 성균관대학교출판부.

정병석(역주)(2011).『주역』. 서울: 을유문화사.

Legge, J.(trans.)(1963). *The I Ching*. New York: Dover Publications, Inc.

Wilhelm, R.(trans.)(1967). *I Ching or book of changes*. London: Penguin Books.